Andres Martinez

Mein Weg zur 1. Million

Mehr Zeit, mehr Freiheit, mehr Leben.

ForwardVerlag

ForwardVerlag

Mein Weg zur 1. Million

Mehr Zeit, mehr Freiheit, mehr Leben.

Imprint der Verlagsgruppe StudyHelp GmbH, Paderborn
www.forwardverlag.de

1. Auflage

Autor: Andres Martinez

Kontakt: info@forwardverlag.de
Umschlaggestaltung: @magier
Druck: mediaprint solutions GmbH

Disclaimer / Haftungsausschluss
Das Werk inklusive aller Inhalte wurde unter größter Sorgfalt erarbeitet. Der Verlag übernimmt jedoch keine Gewähr für die Aktualität, Korrektheit, Vollständigkeit und Qualität der bereitgestellten Informationen. Druckfehler und Falschinformationen können nicht vollständig ausgeschlossen werden.

ISBN 978-3-98755-154-3

Inhalt

Vorwort

Warum eigentlich dieses Buch?

Lesen war für mich in der Schule immer eine Qual, und bis heute würde ich mich nicht als besonders guten Leser bezeichnen. Doch vor einigen Jahren habe ich erkannt, welchen unschätzbaren Vorteil es hat: Man kann aus Fehlern anderer lernen.

Früher dachte ich, es sei eine besondere Leistung, ein Ziel ganz alleine zu erreichen – ohne Hilfe, ohne Abkürzungen. Doch irgendwann wurde mir klar, wie unsinnig dieser Gedanke eigentlich ist. Warum sollte ich jeden Fehler selbst machen müssen, wenn ich auch von den Erfahrungen anderer profitieren kann?

Erfolgreiche Menschen teilen ihr Wissen gerne, oft in Büchern, und das zu einem Preis, der in keinem Verhältnis zu dem steht, was man an Wissen gewinnen kann. Beim Aufbauen eines *LEGO*-Sets oder eines *IKEA*-Regals ist es in der Regel auch der schnellste Weg, die Anleitung zu befolgen. Hier würde auch niemand sagen, dass man sich das alles selbst aneignen kann. Obwohl es möglich ist, ist die Anleitung dennoch der effizienteste Weg.

Da ich selbst mittlerweile einige Erfahrungen gesammelt habe, möchte ich mein Wissen weitergeben. Dieses Buch soll dir als Wegweiser dienen – nicht als belehrende Predigt oder Dogma, sondern als Möglichkeit, aus meinen Fehlern und Erfolgen zu lernen. Jeder kann selbst entscheiden, ob er dieses Wissen annimmt oder nicht. Diese Erkenntnis hat mir viel Erleichterung gebracht:

Ich muss niemanden überzeugen oder missionieren.

Ich kann mein Wissen einfach zur Verfügung stellen – und du entscheidest, ob du es für dich nutzt.

Folge mir auch gerne auf *Instagram* unter @meinwegzur1.million für tägliche Impulse, falls du es nicht bereits tust. Dieser QR-Code führt dich direkt dorthin:

Instagram:

Weitere Links mit persönlichen Empfehlungen findest du unter:

Andres Martinez:

Gender-Hinweis
Aus Gründen der Lesbarkeit habe ich auf eine durchgängige gendergerechte Sprache verzichtet. Alle geschlechtlichen Identitäten sind selbstverständlich gleichermaßen angesprochen und gemeint.

Was erwartet dich in diesem Buch?

Mein Ziel ist es, dir eine klare Anleitung an die Hand zu geben, mit der du – unabhängig von deiner aktuellen finanziellen oder mentalen Lage – ein Vermögen aufbauen kannst, das dir ein selbstbestimmtes Leben ermöglicht. Deine Ausgangssituation spielt hierbei keine Rolle. Viel wichtiger ist, dass du weißt, wo du hin möchtest. Doch sei gewarnt: Dieses Buch ist kein entspannter Roman, den man abends auf dem Sofa konsumiert. Es ist ein Arbeitsbuch. Ich werde dir Aufgaben geben, die du umsetzen musst, um echte Fortschritte zu machen. Solltest du es nur lesen und nichts anwenden, wird sich nichts in deinem Leben ändern.

Viele der Dinge, die du hier erfährst, werden sich für dich zunächst ungewohnt oder sogar unangenehm anfühlen – und das ist auch gut so. Warum? Weil sie gegen deine bisherigen Verhaltensweisen verstoßen werden. Deine aktuelle Situation ist nämlich das Ergebnis deiner bisherigen Handlungen. Wenn du also noch nicht Millionär bist, liegt das höchstwahrscheinlich an deinen bisherigen Entscheidungen und Handlungen. Willst du das ändern, musst du auch deine Handlungen ändern.

Das Glück liegt außerhalb der Komfortzone

Vielleicht hast du schon mal gehört, dass das Glück außerhalb der Komfortzone liegt. Falls nicht, kann ich dir versichern: Das stimmt. Wer mehr vom Leben will, muss bereit sein, neue Wege zu gehen – auch wenn es anfangs ungewohnt ist.

Der richtige Weg zum Ziel

In diesem Buch gebe ich dir eine klare Schritt-für-Schritt-Anleitung. Du wirst also nie im Dunkeln tappen oder nicht wissen, was als Nächstes zu tun ist. Bitte überspringe keine Kapitel und lenke dich nicht mit anderen Themen ab.

Viele Menschen machen den Fehler, sich aus verschiedenen Methoden nur das herauszupicken, was ihnen gerade leichtfällt. Doch genauso, wie ein Kuchenrezept nicht funktioniert, wenn du wahllos Zutaten weglässt oder ersetzt, wird auch dein finanzieller

Erfolg nur dann eintreten, wenn du den gesamten Prozess durchläufst. Halte dich zunächst an den Plan – optimieren kannst du später immer noch.

Routinen

Ein weiterer wichtiger Punkt sind Routinen. Erfolgreiche Menschen haben feste Routinen, die sie immer beibehalten – egal, wo sie sind. Stell dir vor, du bist im Urlaub. Hörst du dort auf, dir die Zähne zu putzen? Natürlich nicht. Genau so sollte es mit deinen Erfolgsgewohnheiten sein. Sie sollten ein fester Bestandteil deines Lebens werden, nicht etwas, das du „Mal machst, wenn du Zeit hast".

Mein Buffet für dich

Du kannst dieses Buch dennoch stellenweise als Buffet betrachten, wenn ich dir mehrere Möglichkeiten aufzeige. Hier kannst du das für dich Passende auswählen. In anderen Fällen solltest du aber essen, was aufgetischt wird – auch wenn es dir anfangs nicht schmeckt. Mir sagte mal ein erfolgreicher Mensch: „Du musst Scheiße zu deiner Leibspeise machen und davon jede Menge essen, bis du erfolgreich bist." Und ja, da ist was dran.

Erwarte Rückschläge und halte trotzdem durch

Ich werde dir nichts vormachen: Der Weg wird nicht leicht. Du wirst Rückschläge erleben. Nein, es wird noch schlimmer – du wirst ordentlich auf die Fresse bekommen. Aber das gehört dazu. Denn der größte Gegner auf diesem Weg bist du selbst.

Viele Menschen wünschen sich, Millionär zu sein. Aber die wenigsten sind bereit, den Preis dafür zu zahlen. Und der Preis ist nicht etwa unglaubliche Härte oder übermenschliche Fähigkeiten – sondern einfaches Durchhaltevermögen. Es heißt immer, dass sich Leistung auszahlt, und ich möchte dem auch nicht widersprechen. Doch rückblickend betrachtet, war es bei mir eher die Kontinuität – und nicht die reine Leistung –, die mich zum Ziel gebracht hat. In meiner Techniker-Abendschule war ich einer von sechs Absolventen meiner Klasse. Meine Noten waren eher dürftig, aber ich war immer da.

Und so ähnlich gelang es mir auch einmal, ein Motocross-Rennen zu gewinnen. Es hat unglaublich viel geregnet, und die Strecke war im Schlamm versunken. Mein Motto war damals schon: Die Strecke ist für alle gleich – und daher muss ich mir keine Gedanken machen, ob mir die Umstände passen. Ich war ein eher langsamer, aber konstanter Fahrer. Und wie es die Umstände wollten, flog einer nach dem anderen vor mir auf die Nase – und ich überquerte am Ende als Erster die Ziellinie. Und das, obwohl ich relativ langsame Rundenzeiten hatte. Ich bin einfach nur sitzen geblieben und habe meine Runden eine nach der anderen abgespult. Hätte ich das nicht getan, hätte sich sicher jemand vor mir ins Ziel gerettet.

Und so ähnlich ist es auch bei deinem Erfolg – du musst nur dranbleiben, jeden Tag ein bisschen und du wirst die meisten überholen. Denn die meisten geben schnell wieder auf – oder fangen gar nicht erst an.

Es ist nicht schwer, Millionär zu sein. Doch Millionär zu werden – das erfordert Disziplin und Konsequenz. Du musst keine hoch komplizierten Dinge tun. Du musst einfach die richtigen Dinge konstant durchziehen.

Mein Versprechen an dich

Auch wenn wir uns vielleicht nicht persönlich kennen, kann ich dir sagen: Ich glaube an dich. Ich weiß, dass du dein Ziel erreichen kannst – wenn du die Schritte umsetzt, die ich dir hier zeige.

Ich wünsche dir viel Erfolg beim Durcharbeiten dieses Buches. Und vergiss nicht: Setze die Aufgaben sofort um. Nur dann kann dieses Buch die volle Wirkung entfalten, die du dir wünschst – denn ansonsten hättest du es dir womöglich nicht gekauft.

Checkliste

Lesen kann ein Gamechanger sein – nicht wegen Unterhaltung, sondern weil man aus den Fehlern anderer lernen kann.

- ✔ Du musst nicht alles allein schaffen – nutze das Wissen von Menschen, die bereits da sind, wo du hinwillst.
- ✔ Bücher sind wie Bauanleitungen – der schnellste Weg zum Ziel führt über das Befolgen erprobter Schritte.
- ✔ Dieses Buch ist ein Arbeitsbuch – ohne Umsetzung bringt es dir nichts.
- ✔ Veränderung fühlt sich anfangs oft unangenehm an, weil sie deinen bisherigen Gewohnheiten widerspricht.
- ✔ Deine jetzige Realität ist das Resultat deiner bisherigen Entscheidungen – willst du eine andere Realität, brauchst du andere Entscheidungen.
- ✔ Glück liegt außerhalb der Komfortzone – da beginnt Wachstum.
- ✔ Folge der Schritt-für-Schritt-Anleitung – ohne Abkürzungen oder „Rosinenpicken".
- ✔ Routinen sind der Schlüssel – sie müssen wie Zähneputzen funktionieren: jeden Tag, egal was ist.
- ✔ Nicht alles wird sich gut anfühlen – manchmal musst du Dinge tun, die dir anfangs „nicht schmecken".
- ✔ Rückschläge sind normal – der größte Gegner auf deinem Weg bist du selbst.
- ✔ Nicht Härte oder Talent, sondern Kontinuität bringt dich zum Ziel.

- ✔ Es ist nicht schwer, Millionär zu sein, aber schwer, Millionär zu werden – Disziplin und Konsequenz sind der Preis.
- ✔ Du brauchst keine außergewöhnlichen Fähigkeiten – du musst nur die richtigen Dinge regelmäßig tun.
- ✔ Wenn du die Schritte dieses Buches umsetzt, kannst du dein Ziel erreichen.

1

KAPITEL

Für die Liebsten in deinem Leben

Ein besonderes Anliegen ist mir, Immobilien auch Frauen näherzubringen. Ich stelle immer wieder fest: Auf Veranstaltungen, Stammtischen – auch auf meinen eigenen – sitzen vor allem Männer. Frauen sind oft unterrepräsentiert. Und das, obwohl gerade Immobilien für Frauen ein gewaltiger Hebel sein können. Denn seien wir ehrlich: Altersarmut ist weiblich. Noch immer. Und genau hier setzen Immobilien an – als Schutz, als Chance, als Weg in finanzielle Unabhängigkeit.

Deshalb mein Wunsch: Wenn du dieses Buch liest – gib es weiter. Schenk es einer Frau, der du mehr Unabhängigkeit wünschst. Einer Freundin, deiner Partnerin, deiner Schwester, Mutter oder Kollegin. Jemandem, bei dem du spürst: Die hat Potenzial. Die soll das wissen.

Und noch ein Appell: Geht diesen Weg gemeinsam. Kümmert euch als Paar um eure Finanzen. Vermeidet Abhängigkeit. Macht es zu einem gemeinsamen Projekt, mit Spaß und gegenseitigem Support. Denn gerade Frauen zweifeln häufiger – nicht, weil sie es nicht könnten, sondern weil sie oft weniger ermutigt wurden. Supporte also die Frauen in deinem Umfeld. Sag ihnen, sie sollen anderen Frauen folgen. Es gibt tolle Podcasts, starke Stimmen, inspirierende Vorbilder, die den Weg schon gehen.

Auch bei meiner Frau hat es eine Weile gedauert. Nicht, weil sie nicht wollte – es gab einfach viele andere Themen, für die sie gebrannt hat. Heute ist sie ihren eigenen Weg gegangen, in einem Bereich, in dem ich ihr wiederum nicht das Wasser reichen kann. Jetzt aber kommt auch bei ihr das Thema Immobilien auf den Tisch. Und das freut mich sehr.

Denn ich will nicht nur meine Kinder und mich absichern. Sondern auch meine Partnerin. Meine Schwester. Meine Mutter. Meine Tanten. Die Frauen in meinem Leben – und vielleicht auch die in deinem.

Und wenn du diesen Abschnitt sorgfältig gelesen hast, ist dir bestimmt aufgefallen: Ein Buch allein reicht vielleicht nicht.

Nimm deine Kinder mit auf die Reise

Vielleicht noch ein kleiner Impuls für dich – besonders dann, wenn du selbst Kinder hast. Denn früher oder später spielt genau das auch bei Immobilien eine Rolle: Wie möchte ich meine Kinder begleiten? Was will ich ihnen mitgeben? Und wie kann ich sie für das Thema begeistern, ohne Druck oder Erwartungen?

Meine Kinder sind selbst noch sehr klein. Ich kann also nicht aus jahrelanger Erfahrung sprechen – aber ich kann ein paar Gedanken weitergeben, die ich selbst mitbekommen habe, die ich beobachte, oder die mir andere Eltern erzählt haben. Und ich glaube, da steckt viel Wahres drin.

Nimm deine Kinder mit auf deine Immobilienreise. Zeig ihnen, was du tust. Nimm sie mit zu Besichtigungen oder auf Baustellen – natürlich nur so weit, wie es verantwortbar ist. Erkläre ihnen, woran du arbeitest. Sprich positiv über deine Tätigkeit. Sag niemals: „Ich muss wieder zu einem Besichtigungstermin.“, sondern: „Ich darf mir ein spannendes Haus anschauen.“ So simpel das klingt, so sehr prägt es das innere Bild, das deine Kinder vom Thema Arbeit und Vermögen entwickeln.

Wenn du selbst Freude an dem hast, was du tust, werden sie das spüren. Gib ihnen die Möglichkeit, ein Stück weit mit dir zu wachsen. Lass sie kleine Entscheidungen treffen. Zeig ihnen, was es heißt, selbstwirksam zu handeln. Und sprich mit ihnen über Erfolg – nicht über Reichtum, sondern über das, was Menschen möglich machen, wenn sie dranbleiben.

Unser Sohn ist gerade fünf Jahre alt und hat sich – ganz aus eigener Neugier – für Cristiano Ronaldo begeistert. Ein Junge, der in ärmlichen Verhältnissen aufgewachsen ist, von einer alleinerziehenden Mutter großgezogen wurde und nie ideale Bedingungen hatte. Und doch ist er heute einer der bekanntesten Sportler der Welt. Diese Geschichten faszinieren Kinder. Und sie inspirieren.

Ein kleiner, ganz konkreter Tipp aus unserem Familienalltag: Wir lesen mit unseren Kindern oft die Bilderbuchreihe *Little People, Big Dreams*. Wunderschöne, kindgerechte Biografien über bekannte Persönlichkeiten – von Sportlern über Künstler bis zu Wissenschaftlern. Diese Bücher werden bei uns geliebt. Die Kinder fragen viel, sie denken mit, sie stellen Verbindungen her. Und wir kommen ins Gespräch – über Ziele, Träume, Rückschläge, Erfolg. Genau das ist es, was zählt.

Du musst kein Konzept haben. Keine fertige Strategie. Es reicht, wenn du dein Leben offen teilst. Und deine Kinder ein Stück mitnimmst.

Checkliste

- ✔ Erkenne die Rolle von Immobilien für finanzielle Unabhängigkeit von Frauen.
- ✔ Ermutige Frauen in deinem Umfeld, sich mit dem Thema zu befassen.
- ✔ Teile dein Wissen – z. B. durch dieses Buch.
- ✔ Macht Immobilien zu einem gemeinsamen Projekt in der Partnerschaft.
- ✔ Unterstütze Frauen durch Vorbilder, Podcasts und Netzwerke.
- ✔ Sprich mit deinen Kindern über deine Tätigkeit – positiv und ehrlich.
- ✔ Nimm sie mit zu Besichtigungen und erkläre, was du tust.
- ✔ Ermutige sie zu Selbstwirksamkeit und kleinen Entscheidungen.
- ✔ Nutze inspirierende Kinderbücher als Einstieg in große Themen.
- ✔ Sei ein Vorbild, indem du mit Freude und Haltung handelst.

2

KAPITEL

Mein Weg und meine Wurzeln

Jeder Mensch trägt seine eigene Geschichte in sich – eine Geschichte, die ihn prägt, antreibt oder auch bremst. Unsere Kindheit und unser Umfeld sind wie der fruchtbare Boden, aus dem wir wachsen. Auch meine Geschichte beginnt dort: in einem Umfeld, das wenig mit Überfluss, aber sehr viel mit Werten, Verantwortung und innerem Antrieb zu tun hatte.

Ich bin in einfachen Verhältnissen aufgewachsen. Mein Vater stammt aus Kolumbien, hatte zu Beginn keine Arbeitserlaubnis, und meine Mutter war noch in der Ausbildung, als ich auf die Welt kam. Geld war knapp – sehr knapp. Doch statt zu klagen, krempelten meine Eltern die Ärmel hoch. Während meine Mutter ihre Ausbildung abschloss, verteilte mein Vater Flyer. Später, als meine zwei Geschwister dazukamen, arbeiteten beide – oft in mehreren Jobs. Meine Mutter reduzierte ihre Stunden nicht, um mehr Freizeit zu haben, sondern um zusätzlich zu arbeiten. Mein Vater machte Überstunden, wann immer es möglich war. Unsere Familie lebte sparsam – auf teure Elektronik, Markenklamotten oder Rücklagen wurde verzichtet. Stattdessen investierten meine Eltern in das, was ihnen wichtig war: gemeinsame Zeit, echte Holzmöbel, schöne Urlaube. Und auch wenn ich heute manches anders sehe – z. B. den fehlenden Vermögensaufbau – so weiß ich, dass meine Eltern nur das Beste für uns wollten.

Rückblickend habe ich aus dieser Zeit viele wichtige Lektionen mitgenommen:

- den Wert von Geld zu erkennen,
- zu verstehen, wie lange man für eine Ausgabe arbeiten muss,
- mit wenig auszukommen,
- Verantwortung zu übernehmen,
- handwerkliche Fähigkeiten zu entwickeln.

Ich wusste früh: Finanzielle Freiheit ist nichts Selbstverständliches. Es ist kein Geschenk – es ist ein Ziel, das man sich erarbeiten muss. Als Kind nahm ich mir vor: Ich will später nicht jeden Cent umdrehen müssen. Ich will mich nicht fragen, ob ich die Heizung anmachen darf oder mir eine Pizza leisten kann. Diese Gedanken waren tief in mir verankert. Sie wurden zu meinem Antrieb.

Im Laufe der Zeit wurde mir klar: Es geht nicht nur darum, wie viel Geld man verdient – es geht darum, wie man mit Geld umgeht. Ich wollte nicht einfach nur „genug" haben. Ich wollte selbst bestimmen, wie ich lebe. Wer nur „genug" Geld hat, denkt oft, er sei „fertig". Doch genau das führt häufig zu Sinnkrisen. Mein Ziel war nie ein Endpunkt – mein Ziel ist ein erfülltes Leben. Und das bedeutet für mich: Ich bin nie fertig.

Ein weiterer wichtiger Punkt kam hinzu: Ich wollte nicht nur für mich finanziell frei sein, sondern auch anderen zeigen, dass es möglich ist. Ich habe verstanden, dass Wissen der Schlüssel ist – nicht das Schulwissen, sondern das Wissen über Geld, Denkweisen und Strategien. Viele Menschen glauben, dass harte Arbeit allein zum Ziel führt. Doch ich habe gelernt: Es geht um kluge Entscheidungen. Um Denkweisen, die zum Erfolg führen. Ich habe mich nicht gefragt, wie ich mehr Geld verdienen kann – sondern wie ich denken muss, um finanziell unabhängig zu werden.

Ich wollte nie in einem System gefangen sein, in dem ich meine Lebenszeit gegen Geld tausche. Ich wollte gestalten, Risiken eingehen, meine Zukunft selbst bestimmen. Mein Antrieb bestand aus zwei zentralen Motiven: dem Wunsch, nie wieder finanziellen Druck zu spüren, und dem Bedürfnis, mein Wissen weiterzugeben. Denn ich glaube: Finanzielle Freiheit ist kein Privileg, sondern eine Entscheidung.

Dieses Buch ist deshalb mehr als eine Sammlung von Strategien. Es ist meine Botschaft an dich: Du kannst dein Leben selbst gestalten. Unabhängig von deiner Herkunft. Alles beginnt mit einer Entscheidung – der Entscheidung, Verantwortung zu übernehmen.

Trotz der finanziellen Enge hatte ich eine Kindheit, die viele andere sich wünschen würden. Meine Großmutter, mein Onkel und meine Tante lebten direkt nebenan. Das Grundstück meiner Oma war riesig, es war früher einmal ein Bauernhof mit mehreren Gebäuden. Wir lebten in einer alten Scheune, die mein Vater in Eigenleistung mit begrenzten Mitteln zu einem Wohnhaus umbaute. Für mich war es selbstverständlich, den ganzen Tag mit dem Kettcar oder Fahrrad über den Hof zu düsen. Wenn mir langweilig war, schaute ich, was meine Verwandten so trieben. Ich war ständig in Bewegung, ständig am Beobachten, Lernen und Tun.

Ein Schlüsselmoment war der Sommer zwischen der fünften und sechsten Klasse. Ich fragte meine Oma, ob ich im Garten eine Hütte bauen dürfe. Sie sagte *Ja* – ohne zu wissen, was ich genau vorhatte. Ich machte mir detaillierte Skizzen: Die Hütte sollte auf Stelzen stehen, zwei Meter hoch, mindestens. Mit einem Freund fing ich an, Löcher zu graben, Holzpfosten zu setzen. Mein Onkel baute gerade sein Haus um, und so kamen wir an altes Bauholz, eine alte Holztreppe, sogar Dachpfannen. Jeder Sperrmüll und jede Baustelle in der Nachbarschaft wurde abgeklappert.

Mein Onkel scherzte anfangs, dass er abends die Hütte einfach umschubst. Doch als er sah, wie stabil und hoch sie wurde – über fünf Meter! – verging ihm das Lachen. Die Hütte hatte sogar ein *Velux*-Dachfenster und einen Balkon. Freunde übernachteten darin, es war ein riesiger Spaß. Schade, dass es kein einziges Foto mehr davon gibt. Doch das Erlebnis bleibt. Ich lernte, mit Werkzeugen umzugehen, präzise zu arbeiten und Verantwortung zu übernehmen. Während meine Freunde Nägel krumm schlugen, versenkte ich sie mit einem oder zwei Schlägen, da ich dies beinahe täglich übte.

Ein weiteres prägendes Element in meinem Leben war meine Leidenschaft für Motorsport. Mein Onkel war 15 Jahre älter und motorradbegeistert – also war ich es auch. Ich begleitete ihn zu Rennen, und sobald ich 18 war, fuhr ich selbst. Ich finanzierte meine erste Rennsaison mit meinem Schüler-BAföG von 192 Euro. Das Motorrad war ein Geschenk meines Onkels. Oft fuhr ich alleine zu den Rennen – im *VW*-Bus meines Onkels oder im Familienauto meiner Eltern. Hierzu musste ich immer erst alle Sitze ausbauen, die Gabel vom Motorrad mit einem Spanngurt zusammendrücken und dann mit einer selbstgebauten Rampe das Motorrad in das Auto befördern.

Ich startete in einem *Supermoto Youngster Cup*, war mit 18 der älteste und zugleich unerfahrenste Teilnehmer. Auch finanziell war ich den anderen klar unterlegen. Sie hatten teilweise für jedes Rennen neue Reifen – ich sammelte ihre abgefahrenen und fuhr damit weiter, bis das Gewebe durchkam. Nur im letzten Rennen gönnte ich mir neue Reifen – und fuhr prompt mein bestes Ergebnis.

In dieser Zeit habe ich unglaublich viel gelernt: Durchhaltevermögen, Improvisation, Konzentration auf das Wesentliche. Wer im Motorsport startet, weiß: Aufgeben ist keine Option. Wenn kurz vor dem Rennen etwas kaputtgeht, wird repariert – notfalls nachts. Es geht ums Ankommen, ums Mitmachen und Gewinnen. Auch wenn es aussichtslos erscheint – ich wollte immer gewinnen. Und das war mein Antrieb. So kam ich am Ende meist irgendwo im Mittelfeld an – weil ich immer durchhielt.

Als ich 19 wurde, war der *Youngster Cup* für mich vorbei – ich musste in die Erwachsenenklasse wechseln. Dort war alles teurer, das Leistungsniveau höher. Ich musste neue Wege finden. Doch all das hat mich nicht abgeschreckt – im Gegenteil. Es hat mich geformt.

Diese Stationen in meinem Leben – die finanzielle Enge, die Verantwortung, die frühen Erfahrungen mit Arbeit und Handwerk, der Motorsport – sie haben mich zu dem gemacht, der ich heute bin. Sie haben mein Denken über Geld, Erfolg und Freiheit geprägt. Sie haben mir gezeigt: Du brauchst keine perfekten Bedingungen. Du brauchst Klarheit, Mut und Entschlossenheit.

Checkliste

- ✔ Überlege dir, welche positiven und negativen Glaubenssätze du selbst zum Thema Geld in deiner Kindheit mitbekommen hast.
- ✔ Entscheide bewusst, welche Geld-Mentalität du deinen Kindern vorleben willst.
- ✔ Integriere Kinder spielerisch in Gespräche über Finanzen, Investitionen und unternehmerisches Denken.
- ✔ Schaffe praktische Erlebnisse, bei denen Kinder mitentscheiden oder mithelfen können (z. B. bei der Renovierung einer Immobilie).
- ✔ Sprich offen und altersgerecht über Geld – nicht nur über Ausgaben, sondern auch über Einnahmen und Investitionen.
- ✔ Lest Bücher vor oder hört gemeinsam Hörspiele, die unternehmerisches Denken fördern.
- ✔ Nutze den Alltag, um wirtschaftliche Zusammenhänge zu erklären (z. B. beim Einkaufen, bei Reparaturen, bei der Mieteinnahme).
- ✔ Zeige, dass Geld ein Werkzeug ist – kein Ziel.
- ✔ Fördere die Selbstständigkeit deines Kindes durch kleine Aufgaben mit Verantwortung.
- ✔ Denke daran: Du bist das Vorbild. Kinder lernen weniger durch Worte, mehr durch dein Verhalten.

3

KAPITEL

Mein erstes Business

Mein Onkel handelte mit gebrauchten Motorrädern. Ich sah oft, wie er defekte Maschinen kaufte, sie in der heimischen Garage reparierte und mit Gewinn verkaufte – das klassische Fix & Flip, nur eben nicht mit Immobilien, sondern mit Zweirädern.

Als Teenager war ich fasziniert. Ich wollte mir unbedingt ein Mountainbike leisten – ein richtig gutes, wie es die Großen hatten, mit hydraulischen Scheibenbremsen und allem, was dazugehört. Aber mit meinem 50 D-Mark Taschengeld kam ich da nicht weit. Mehrere tausend D-Mark kostete so ein Rad, und ich konnte mir davon höchstens den Sattel leisten.

Also musste ein Plan her. Mein Onkel hatte eine Idee: Er gab mir 500 D-Mark. Zinsfrei, mit einem klaren Deal. „Kauf dir davon Ware, verkaufe sie teurer – und gib mir das Geld zurück, sobald du kannst." Kein großes Risiko, aber maximale Wirkung. Ich war 14 und hatte damit das Startkapital für mein erstes richtiges Geschäftsmodell.

Ich eröffnete meinen ersten *eBay*-Shop – ohne den Begriff „Arbitrage" zu kennen. Mein Bestseller: Downhill-Helme von *Decathlon*. Diese massiven Fahrradhelme, bei denen auch der Mundbereich wie bei Motorradhelmen geschützt ist.

Damals war *Decathlon* noch nicht so verbreitet wie heute. Ich hatte gleich zwei Filialen im Umkreis von 15 bis 20 Kilometern. Und ich hatte einen Bundeswehr-Seesack. Den lieh ich mir von meinem Onkel aus, schwang mich auf mein Fahrrad und fuhr 15 Kilometer zur nächstgelegenen Filiale nach Herne.

Heute frage ich mich ernsthaft, wie ich das damals durchgezogen habe. Ich hätte meine Eltern bitten können, mich zu fahren. Aber das war für mich keine Option. Ich wollte unabhängig sein – und mir auch das Geld für die Bahn sparen. Hin- und Rückfahrt hätten mich locker fünf D-Mark gekostet – Geld, das ich lieber in mein kleines Business steckte.

Ich hatte damals nach einem Schulpraktikum im Fahrradladen angefangen, dort nebenbei zu arbeiten. Für fünf D-Mark hätte ich gut eine Stunde malochen müssen. Also trat ich lieber in die Pedale, sammelte Kilometer und Erfahrung.

Zu der Zeit waren Digitalkameras noch unbezahlbar, und ich musste daher ein Bild vom Helm aus dem Internet nehmen. Ich weiß noch genau, dass der private Verkäufer eine *Oakley*-Brille mit auf dem Foto hatte und schrieb, dass sie nicht zum Lieferumfang gehört. Mangels Alternativen musste ich auch diesen Satz so übernehmen.

Das Internet war damals noch ein wilder Westen. Urheberrecht? Verifizierung? Nicht wirklich. Ich gab einfach ein anderes Geburtsdatum an, eröffnete mein Konto, nutzte mein Girokonto mit Online-Banking und startete mein Business – direkt aus meinem Kinderzimmer.

Ich sammelte schnell gute Bewertungen. Der Kundenservice war mir wichtig, obwohl ich damals noch nicht mal wusste, dass man das so nennt. Ich verpackte die Helme sauber, verschickte sie schnell und antwortete freundlich auf Anfragen.

Neben den Helmen verkaufte ich später auch Fahrradersatzteile. Ich kaufte sie online ein und bot sie bei *eBay* teurer an. Die Margen waren klein – aus heutiger Sicht zu klein – aber für mich als 14-Jährigen war das viel Geld. Und so finanzierte ich mir mein Mountainbike-Hobby.

Dass man auf solche Einkünfte eigentlich Steuern zahlen muss, war mir damals natürlich nicht klar. Aber ich verstand das Prinzip: günstig einkaufen, teurer verkaufen, zuverlässig liefern – und dabei selbstständig sein. Ich habe mein erstes funktionierendes Geschäftsmodell gebaut.

Und es war nur der Anfang.

Checkliste

- ✔ Schau dir funktionierende Modelle im Umfeld ab – auch Fix & Flip gibt es in anderen Branchen.
- ✔ Denk nicht in Begrenzungen – such nach Wegen, statt nach Ausreden.
- ✔ Nutze kleines Startkapital klug – Arbitrage kann ein profitabler Einstieg sein.
- ✔ Lerne aus der Praxis: Verkaufen, Kommunizieren.
- ✔ Reinvestiere Gewinne und baue dein Modell schrittweise aus.
- ✔ Es geht nicht um Perfektion – sondern darum, ins Tun zu kommen.

4

KAPITEL

Wie eine einzige Kartoffel dein Leben verändern kann

Stell dir vor, du befindest dich in einer Situation, in der du täglich nur eine einzige Kartoffel zum Überleben hast. Der unmittelbare Impuls wäre, diese Kartoffel zu essen, um den täglichen Hunger zu stillen. Doch was wäre, wenn du dich entschließen würdest, auf diese eine Kartoffel zu verzichten und sie stattdessen einzupflanzen? Diese Entscheidung könnte dein Leben nachhaltig verändern.

Eine gepflanzte Kartoffel kann, abhängig von Sorte und Anbaubedingungen, einen Ertrag von etwa dem zehn- bis 15-fachen ihrer selbst liefern. Das bedeutet, dass aus einer einzigen Knolle bis zu 15 neue Kartoffeln entstehen können.

Dieses Prinzip lässt sich auf viele Bereiche des Lebens übertragen. Oft geben Menschen ihr gesamtes Einkommen aus und argumentieren, dass sie zu wenig haben, um etwas zur Seite zu legen. Doch selbst kleine Opfer können langfristig große Veränderungen bewirken. Indem man einen Teil seines Einkommens investiert, anstatt es sofort zu konsumieren, schafft man die Grundlage für zukünftiges Wachstum und Wohlstand.

Die Entscheidung, eine Kartoffel einzupflanzen, erfordert kurzfristige Entbehrung, führt jedoch langfristig zu einem Vielfachen des ursprünglichen Wertes. Ebenso kann das bewusste Investieren kleiner Beträge über die Zeit hinweg zu finanzieller Unabhängigkeit und Sicherheit führen. Es liegt an jedem Einzelnen, diese Entscheidungen zu treffen und die Früchte der eigenen Weitsicht zu ernten. Als aufmerksamer Leser wirst du dir vielleicht denken: *„Na toll, wenn das alles so einfach ist, warum macht es dann nicht jeder?“* Und vor allem: *„Von welchem Geld soll ich denn etwas kaufen oder investieren, wenn ich keins habe?“*

Eine absolut berechtigte Frage. Doch wie bei so vielem im Leben gibt es auch hier mehrere Perspektiven. Bleiben wir für einen Moment beim Bild der Kartoffeln, das ich gerne verwende: Du kannst – vereinfacht gesagt – auch mal einen Tag hungern, um eine einzige Kartoffel einzupflanzen und später die Ernte von 15 neuen Kartoffeln einzufahren.

Übertragen auf deinen Alltag heißt das: Du kannst temporär deine Ausgaben reduzieren, um Spielraum zu schaffen. Vielleicht verzichtest du mal auf ein neues Abo, auf das häufige Bestellen beim Lieferdienst oder auf ein teures Freizeitvergnügen. Nicht für immer – aber so lange, bis du ein kleines Fundament geschaffen hast. Ich weiß, dass Sparen allein dich nicht vermögend macht. Aber gerade am Anfang kann es entscheidend sein, deine Fixkosten bewusst niedrig zu halten, um Rücklagen zu bilden – und so überhaupt handlungsfähig zu werden.

Der zweite Weg – und langfristig der wichtigere – ist: Dein Einkommen zu erhöhen. Und hier habe ich gute Nachrichten für dich: Wenn du gesund bist, körperlich und mental grundsätzlich einsatzfähig, dann wirst du Wege finden, deine Einnahmen zu steigern. Vielleicht scheint dir das im Moment noch zu viel. Vielleicht fühlst du dich überfordert. Doch ein starker Hebel, der dir neue Kraft geben kann, ist dein Warum.

Warum willst du finanziell unabhängig sein? Warum willst du dein Leben selbst in die Hand nehmen?

Wenn du diese Frage klar beantworten kannst, findest du auch die Energie, Wege zu gehen, die du vorher vielleicht ausgeschlossen hättest. Später im Buch werde ich noch intensiver auf dieses Thema eingehen – doch hier schon ein paar Inspirationen aus meinem eigenen Leben:

Ich habe als Schüler in Fahrradläden gearbeitet, als Aushilfe in einem Hausmeisterservice, bei Inventuren im Supermarkt und als Gelegenheitskellner bei Stadtfesten. Ich habe nicht auf den perfekten Nebenjob gewartet, sondern einfach losgelegt. Und genau das kannst du auch.

Schau dich um: Welche Tätigkeiten übst du vielleicht ohnehin aus, die auch für andere Menschen wertvoll sein könnten? Wenn du z. B. einen Hund hast und ohnehin täglich spazieren gehst – warum nicht noch einen zweiten Hund mitnehmen, von jemandem, der selbst nicht mehr kann? Wenn du gerne einkaufen gehst – warum nicht Einkäufe für ältere Menschen übernehmen?

Dabei tust du nicht nur etwas Sinnvolles, sondern verdienst auch ein wenig Geld – und, wer weiß, vielleicht ergibt sich sogar eine spannende Gelegenheit. Ich habe es selbst schon erlebt: Wer regelmäßig hilft, wird manchmal plötzlich zum wichtigsten Ansprechpartner. Und wenn diese Person keine Erben hat, kann es schnell dazu kommen, dass du entweder beim Verkauf unterstützt – oder vielleicht sogar eine Immobilie angeboten bekommst.

Selbst wenn du noch nicht selbst kaufen kannst, kannst du als Tippgeber agieren: Du findest ein gutes Objekt, bietest es einem Investor an und erhältst dafür eine Provision. Solche Kontakte findest du z. B. auf einem Immobilienstammtisch – dort sind Menschen unterwegs, die aktiv auf der Suche nach Deals sind.

Wichtig ist nur: Geh ohne Erwartung in solche Situationen. Hilf, weil du helfen willst – und nicht, weil du dir etwas davon versprichst. Es klingt spiritueller, als ich es normalerweise ausdrücken würde, aber: *Gib – und du wirst bekommen.*

Ich bin nicht gläubig, aber dieser Spruch aus der Bibel hat sich für mich als absolut zutreffend herausgestellt. Ich hätte das früher vermutlich selbst für Unsinn gehalten. Doch heute weiß ich: Wer bereit ist zu geben, ohne sofortige Gegenleistung zu erwarten, wird langfristig umso mehr zurückbekommen – oft auf Wegen, die man vorher nicht für möglich gehalten hätte.

Deine Einstellung ist wichtiger als dein Kontostand. Und der erste Schritt in die finanzielle Unabhängigkeit beginnt immer im Kopf.

Checkliste

- ✔ Die Entscheidung, auf kurzfristigen Konsum zu verzichten, kann langfristig enorme Rendite bringen.
- ✔ Auch kleine Investitionen (wie eine Kartoffel) können über die Zeit große Wirkung entfalten.
- ✔ Sparen allein macht nicht reich – aber ein niedriger Lebensstandard am Anfang schafft Handlungsspielraum.
- ✔ Fixkosten zu reduzieren kann der erste Schritt zu mehr finanzieller Flexibilität sein.
- ✔ Einnahmen zu erhöhen, ist der nachhaltigste Weg zur finanziellen Unabhängigkeit.
- ✔ Ein starkes *Warum* gibt dir Energie, auch unbequeme Wege zu gehen.
- ✔ Nebenjobs oder kleine Services im Alltag können erste Einnahmequellen sein.
- ✔ Hilfst du anderen ohne Erwartung, kommt oft mehr zurück, als du gibst.
- ✔ Tippgeberprovisionen sind ein sinnvoller Einstieg ohne Eigenkapital.
- ✔ Erste Deals entstehen oft durch Hilfsbereitschaft, nicht durch gezielte Suche.
- ✔ Du brauchst nicht sofort Geld – du brauchst zuerst die richtige Einstellung.
- ✔ Der erste Schritt in Richtung Vermögen beginnt immer im Kopf.

5

KAPITEL

Der Fisch oder die Angel?

Stell dir vor, du stehst hungrig am Ufer eines Sees. Ein Fremder kommt vorbei und bietet dir einen Fisch an. Du nimmst ihn dankbar an, bereitest ihn zu und isst ihn mit Genuss. Dein Hunger ist gestillt – für heute. Morgen stehst du wieder dort, genauso hungrig wie zuvor. Wieder kommt der Fremde und gibt dir einen Fisch. Es ist bequem, es ist einfach, aber es macht dich abhängig.

Nun stell dir eine zweite Möglichkeit vor: Anstatt dir den Fisch zu geben, reicht dir der Fremde eine Angel und zeigt dir, wie du sie benutzt. Anfangs ist es mühsam. Du wirfst die Leine aus, aber der erste Fisch entkommt. Du versuchst es erneut, doch wieder kein Erfolg. Vielleicht verlierst du sogar die Geduld. Aber mit der Zeit verstehst du die Technik, lernst, wo Fische sind, welche Köder am besten funktionieren. Eines Tages fängst du deinen ersten Fisch – und dann einen zweiten, einen dritten. Plötzlich bist du nicht mehr abhängig davon, dass dir jemand einen Fisch gibt. Du kannst dich selbst versorgen.

Dieses alte chinesische Sprichwort – „Gib einem Mann einen Fisch, und er hat Essen für einen Tag. Lehre ihn das Fischen, und er hat Essen für sein Leben." – wird häufig Konfuzius oder Laotse zugeschrieben. Es drückt eine grundlegende Wahrheit aus: Kurzfristige Hilfe mag in einer akuten Notsituation sinnvoll sein, doch wer sich nicht mit den Fähigkeiten ausstattet, langfristig für sich selbst zu sorgen, bleibt immer auf andere angewiesen.

Unsere Gesellschaft ist jedoch so organisiert, dass die meisten Menschen sich für den Fisch entscheiden. Sie bevorzugen den sofortigen Nutzen, die schnelle Befriedigung ihrer Bedürfnisse, anstatt in die Fähigkeiten zu investieren, die ihnen langfristige Unabhängigkeit ermöglichen. Man sieht es überall: Menschen, die lieber kurzfristige Konsumgüter kaufen, anstatt ihr Geld zu investieren. Menschen, die lieber auf Sozialhilfe setzen, anstatt eine neue Fähigkeit zu erlernen. Menschen, die lieber eine Einmalzahlung bekommen, als sich Gedanken darüber zu machen, wie sie dauerhaft ihr Einkommen steigern können.

Es gibt unzählige Beispiele dafür, warum diese kurzfristige Denkweise oft zu Misserfolg führt. Man muss sich nur anschauen, was mit vielen Lottomillionären geschieht. Viele von ihnen sind nach wenigen Jahren nicht nur ihr gesamtes Vermögen los, sondern stehen oft schlechter da als zuvor. Warum? Weil sie den Wert des Geldes nicht verstanden und nie gelernt haben, es sinnvoll einzusetzen. Sie haben den Fisch bekommen – aber nie gelernt zu fischen.

Ich habe im Laufe der Jahre eine klare Haltung zu diesem Thema entwickelt. Viele Menschen würden es als unmenschlich betrachten, aber ich gebe nur sehr ungern Geld an Bettler. Nicht, weil ich kein Mitgefühl habe, sondern weil ich zu oft gesehen habe, dass eine bloße Geldgabe niemandem wirklich hilft. Stattdessen würde ich ihnen lieber zeigen, wie sie sich selbst helfen können – sei es durch Arbeit, durch Bildung oder durch andere Wege der Selbstermächtigung. Doch in den meisten Fällen haben die Menschen kein Interesse daran, ihre Situation wirklich zu verändern. Und noch schlimmer: Wenn ich ihnen sage, dass sie für ihre Lage selbst verantwortlich sind und sie daher auch selbst ihre Lage verbessern können, ernte ich oft nur Ablehnung.

Daraus habe ich gelernt, meine Energie sinnvoller einzusetzen. Ich helfe gerne – aber nur in Form von „Hilfe zur Selbsthilfe". Ich unterstütze Menschen, die bereit sind, sich weiterzuentwickeln und zu lernen. Ich gebe lieber die Angel als den Fisch – dauerhaft wirksame Hilfe statt kurzfristiger Lösung.

Diese Erkenntnis ist auch für dich entscheidend. Wenn du wirklich finanziell erfolgreich sein willst, musst du dich fragen: Willst du den schnellen, einfachen Weg und nur den Fisch nehmen? Oder bist du bereit, die Mühe auf dich zu nehmen, das Fischen zu lernen?

Checkliste

- ✔ Die Wahl liegt bei dir. Doch eines kann ich dir garantieren: Wer das Fischen beherrscht, wird nie wieder an Hunger leiden.
- ✔ Kurzfristige Hilfe (Fisch) stillt nur temporär den Bedarf, langfristige Fähigkeiten (Angel) schaffen Unabhängigkeit.
- ✔ Viele Menschen entscheiden sich aus Bequemlichkeit für den schnellen Nutzen, statt Mühe in den Aufbau von Fähigkeiten zu investieren.
- ✔ Der Weg zur Selbstständigkeit ist anfangs oft mühsam, zahlt sich aber langfristig aus.
- ✔ Investiere in dein Wissen und deine Fähigkeiten – nicht nur in Konsum.
- ✔ Finanzielle Freiheit erfordert Eigenverantwortung und langfristiges Denken.
- ✔ Kurzfristiges Denken führt häufig zu Abhängigkeit oder Rückschritt, wie das Beispiel vieler Lottomillionäre zeigt.
- ✔ Dauerhafter Erfolg entsteht nicht durch Einmalhilfen, sondern durch innere Entwicklung und Handlungskompetenz.
- ✔ Hilfe zur Selbsthilfe ist wirkungsvoller als bloße Unterstützung.
- ✔ Frage dich selbst: Nimmst du nur den Fisch oder lernst du, zu fischen?
- ✔ Nur wer bereit ist, zu lernen und Verantwortung zu übernehmen, wird echte Freiheit erreichen.
- ✔ Die Entscheidung liegt bei dir – aber sie bestimmt maßgeblich deinen weiteren Weg.

6

KAPITEL

Selbstständiger vs. Unternehmer

In der deutschen Sprache gibt es zwei Schreibweisen für das Wort „Selb(st)ständiger" - mit doppeltem „st" oder einfachem „st". Die Variante „selbst und ständig" wird im Volksmund am häufigsten verwendet und bringt das Leben vieler Selbstständiger ziemlich genau auf den Punkt: Sie arbeiten nicht nur alleine, sondern auch gefühlt rund um die Uhr.

Doch was bedeutet es eigentlich, selbstständig zu sein? Im Grunde genommen beschreibt der Begriff jemanden, der sich unabhängig von einem Arbeitgeber macht und seine eigene Existenz aufbaut. Allerdings ist auch ein Selbstständiger nicht wirklich unabhängig – sein Einkommen hängt von ihm persönlich ab. Viele Selbstständige sind sich jedoch nicht bewusst, dass es einen grundlegenden Unterschied zwischen ihnen und einem Unternehmer gibt. Und genau hier liegt das Problem: Wer diesen Unterschied nicht kennt, kann ihn auch nicht für sich nutzen.

Der klassische Selbstständige

Besonders häufig trifft man Selbstständige im Handwerk. Es gehört fast schon zum guten Ton, dass der Chef selbst ans Telefon geht, sich auf jeder Baustelle einen Überblick verschafft und bei der Arbeit mit anpackt. Nach einem langen Tag auf der Baustelle wartet dann noch der Papierkram am Schreibtisch zu Hause. Die Kinder sehen ihn kaum, die Frau kümmert sich um alles andere – oder hilft sogar selbst mit, indem sie Telefonate annimmt oder die Buchhaltung erledigt.

Der Selbstständige arbeitet also **im Unternehmen**, er ist gleichzeitig Chef und Angestellter. Der Name „selbst und ständig" trifft es deshalb genau. Er erledigt vieles eigenhändig, weil er glaubt, dass es niemand sonst so gut machen kann wie er selbst. Doch das bedeutet auch, dass sein Einkommen direkt an seine Arbeitskraft gekoppelt ist. Wenn er nicht arbeitet, kommt kein Geld rein.

Der Unternehmer denkt anders

Ein Unternehmer dagegen arbeitet **am Unternehmen**, nicht im Tagesgeschäft. Er ist nicht in die operativen Tätigkeiten eingebunden, sondern kümmert sich um die strategische Entwicklung. Sein Fokus liegt darauf, Prozesse und Strukturen zu schaffen, die es ermöglichen, das Unternehmen wachsen zu lassen – unabhängig von seiner eigenen Arbeitszeit.

Ein Unternehmer:

- definiert klare Ziele für sein Unternehmen.
- delegiert Aufgaben an ein Team.
- sorgt für effiziente Prozesse und Systeme.
- wird regelmäßig über wichtige Kennzahlen informiert.
- greift nur dann aktiv ein, wenn es wirklich nötig ist.

Der größte Vorteil eines Unternehmers ist, dass er nicht durch seinen eigenen Arbeitstag begrenzt ist. Ein Selbstständiger kann nur so viel leisten, wie seine Zeit und Energie zulassen. Ein Unternehmer dagegen kann durch Delegation **viel mehr erreichen.**

Die Falle des Perfektionismus

Viele Selbstständige tappen in die Perfektionismus-Falle. Sie glauben, dass nur sie selbst die Dinge richtig machen können, und tun sich schwer damit, Verantwortung abzugeben. Doch das ist ein massives Hindernis für Wachstum. Denn die Wahrheit ist:

Zehnmal 80 Prozent sind besser als einmal 100 Prozent.

Amazon wäre nicht so groß geworden, wenn Jeff Bezos alle seine Pakete selbst gepackt hätte, nur weil es keiner so sorgfältig machen konnte wie er.

Natürlich gibt es Bereiche, in denen Perfektion entscheidend ist – beispielsweise bei einer Herzklappen-OP. Doch in den meisten Geschäftsfeldern reichen 80 Prozent völlig aus. Ein Beispiel aus meiner eigenen Erfahrung: Ich habe irgendwann gelernt, dass den meisten Mietern eine sauber tapezierte Raufaser völlig genügt, anstatt eine perfekt gespachtelte Glattvlieswand. Der Anspruch auf Perfektion hätte hier nur Zeit und Geld gekostet – ohne echten Mehrwert für den Kunden.

Dieses Prinzip lässt sich auf viele Bereiche übertragen. Anstatt Zeit mit Perfektion zu verschwenden, ist es wichtiger, Prozesse zu optimieren und Fehler gar nicht erst entstehen zu lassen. Der Schlüssel dazu ist ein gutes System aus klaren Abläufen und Richtlinien, das Mitarbeitern ermöglicht, Aufgaben effizient und eigenständig zu erledigen.

Der Schlüssel: Prozesse aufsetzen

Auch ich muss mich immer wieder daran erinnern, nicht in die „Ich-mach's-schnell-selbst"-Falle zu tappen. Klar, es geht schneller, eine Aufgabe selbst zu erledigen, als jemandem zu erklären, wie es geht. Doch langfristig ist genau das der falsche Ansatz. Wer einmal die Zeit investiert, um ein System oder einen Ablauf zu optimieren, spart danach enorme Mengen an Zeit.

Ein Beispiel dafür ist mein *YouTube*-Kanal. Ich habe ihn gestartet, weil ich es leid war, immer wieder die gleichen Dinge zu erklären. Statt jedes Mal von vorne anzufangen, habe ich meine Antworten einfach als Videos aufgenommen. So musste ich Interessenten oder Geschäftspartnern nur noch den Link schicken – das sparte mir unzählige Stunden. Ein netter Nebeneffekt: Die Videos erreichten auch Menschen, die mich vorher nicht kannten, und halfen mir, eine größere Reichweite aufzubauen.

Dasselbe Prinzip nutze ich in vielen Bereichen meines Geschäfts. Wenn ich Handwerkern erkläre, wie ich eine Aufgabe erledigt haben möchte, erstelle ich ein Video, während ich die Baustelle ablaufe. Sollte es nicht zum Auftrag kommen, kann ich das Video einfach dem nächsten Handwerker schicken. Auch bei der Immobilienvermietung nutze ich Videos: Interessenten bekommen zunächst eine Video-Wohnungsbesichtigung. Passt die Wohnung grundsätzlich, gibt es danach einen Besichtigungstermin. So vermeide ich unnötige Termine und spare Zeit.

Wer langfristig wachsen will, muss also weg vom Mitarbeiter im eigenen Unternehmen hin zum strategischen Lenker. Das bedeutet nicht, dass man sich zurücklehnt und nichts mehr tut. Es bedeutet, dass man sich auf die richtigen Aufgaben konzentriert – die, die wirklich einen Unterschied machen.

Checkliste

- ✔ Verstehe den Unterschied: Ein Selbstständiger arbeitet im Unternehmen, ein Unternehmer am Unternehmen.
- ✔ Selbstständige tauschen Zeit gegen Geld – Unternehmer schaffen Strukturen für Wachstum ohne eigene Arbeitszeit.
- ✔ Delegation und Vertrauen ins Team sind entscheidend für unternehmerischen Erfolg.
- ✔ Perfektionismus ist oft hinderlich – 80 Prozent gut umgesetzt sind besser als 100 Prozent, die nie fertig werden.
- ✔ Systeme, Abläufe und Prozesse helfen dir, Aufgaben zu standardisieren und wiederholbar zu machen.
- ✔ Nutze Tools wie Videos, Vorlagen oder Anleitungen zur Effizienzsteigerung.
- ✔ Entwickle eine strategische Sichtweise auf dein Business – nicht alles muss (und darf) über deinen Schreibtisch laufen.
- ✔ Der Schlüssel liegt in Automatisierung, Standardisierung und Multiplikation.
- ✔ Wachstum erfordert Loslassen – nicht Kontrolle.
- ✔ Frage dich regelmäßig: Willst du ein Mitarbeiter in deinem eigenen Unternehmen bleiben – oder der Architekt deines Wachstums sein?

7

KAPITEL

Gesunder Egoismus: Warum du zuerst kommen musst

Bist du schon einmal geflogen? Dann kennst du sicher die Sicherheitsanweisungen der Flugbegleiter vor dem Start. Sie erklären, dass im Falle eines Druckabfalls in der Kabine Sauerstoffmasken von der Decke fallen. Und dann folgt eine Anweisung, die viele Menschen zunächst als egoistisch empfinden: Setze dir zuerst deine eigene Maske auf, bevor du anderen hilfst.

Vielleicht hast du dir noch nie ernsthaft Gedanken darüber gemacht, warum diese Reihenfolge so entscheidend ist. Die Logik dahinter ist simpel: Wenn du bewusstlos wirst, kannst du niemandem mehr helfen. Wenn du dagegen zuerst dafür sorgst, dass du selbst mit Sauerstoff versorgt bist, hast du die Möglichkeit, auch anderen zu helfen. So egoistisch das klingen mag – am Ende hilft diese Regel mehr Menschen, als wenn du erst anderen hilfst und dabei selbst in Gefahr gerätst.

Dieses Prinzip lässt sich auf nahezu alle Bereiche des Lebens übertragen. Ob im Beruf, in finanziellen Angelegenheiten oder im persönlichen Umfeld – du kannst nur dann anderen helfen, wenn du selbst stark genug bist.

Warum Egoismus oft missverstanden wird

Das Wort Egoismus hat in unserer Gesellschaft einen negativen Beiklang. Jemanden als „Egoisten" zu bezeichnen, ist meist nicht als Kompliment gemeint. Wir lernen von klein auf, dass es gut ist, selbstlos zu sein, Rücksicht zu nehmen und für andere da zu sein. Doch die Wahrheit ist: Wer sich immer nur um andere kümmert und sich selbst dabei vergisst, wird irgendwann selbst nicht mehr leistungsfähig sein.

Denk an einen Unfall: Der erste Schritt ist immer, die Unfallstelle zu sichern. Erst danach kümmerst du dich um die Verletzten. Warum? Weil du ohne eine gesicherte Umgebung vielleicht selbst in Gefahr gerätst und dann niemandem mehr helfen kannst.

Wenn du also in deinem Leben Großes erreichen willst – sei es finanzieller Erfolg, persönliche Weiterentwicklung oder das Erreichen von Zielen – dann musst du lernen, gesund egoistisch zu sein.

Nur wer selbst genug hat, kann auch geben

Viele Menschen sagen, dass sie gerne spenden würden oder anderen helfen möchten – aber sie können es nicht, weil sie selbst nicht genug haben. Und genau hier liegt das Problem: Wer anderen helfen will, muss zuerst selbst in der Lage sein, zu geben.

Es fällt mir immer wieder auf, dass erfolgreiche Menschen irgendwann beginnen, sich für wohltätige Zwecke einzusetzen. Sie bauen Brunnen in Afrika, unterstützen Hilfsorganisationen oder übernehmen Patenschaften für Kinder in Entwicklungsländern. Ich selbst habe eine Patenschaft für ein Mädchen in Afrika übernommen – aber ich konnte das erst tun, als ich finanziell in der Lage dazu war.

Wenn du also wirklich langfristig helfen willst, dann konzentriere dich zuerst darauf, stark zu werden. Stelle sicher, dass deine eigene Existenz gesichert ist. Wenn du genug Ressourcen hast – sei es Geld, Zeit oder Wissen – dann kannst du diese sinnvoll nutzen, um anderen zu helfen.

Klare Prioritäten setzen

Gesunder Egoismus bedeutet nicht, dass du rücksichtslos sein sollst. Es bedeutet, dass du Prioritäten setzt und dein Leben nicht von den Wünschen und Erwartungen anderer bestimmen lässt.

Ein gutes Beispiel ist die Planung von Terminen. Ich erlebe oft, dass Menschen mir sagen, sie würden gerne an meinem Immobilienstammtisch teilnehmen, müssen aber „schauen, ob es klappt“. Dabei stehen die Termine für das ganze Jahr fest: Jeden ersten Dienstag im Monat. Jeder, der wirklich teilnehmen will, könnte sich diesen Termin in den Kalender eintragen und fest einplanen. Doch viele halten sich alle Möglichkeiten offen und lassen sich von ihrem Alltag treiben – und am Ende sind sie dann doch nicht dabei.

Das Gleiche gilt für persönliche Verpflichtungen. Natürlich würde ich gerne zu jeder Hochzeit oder jedem Geburtstag eingeladen werden. Doch wenn ich ein wichtiges Ziel verfolge, das mich langfristig weiterbringt, kann es sein, dass ich eine Einladung absagen muss. Und genau hier scheitern viele. Sie wollen es allen recht machen, haben Angst, als egoistisch wahrgenommen zu werden, und stellen sich selbst immer hinten an. Doch am Ende zahlen sie einen anderen Preis: Sie bleiben in ihrer aktuellen Situation stecken, während andere, die klare Prioritäten setzen, ihre Ziele erreichen.

Gesunder Egoismus ist kein rücksichtsloses Verhalten

Viele Menschen verwechseln Egoismus und Rücksichtslosigkeit. Doch es gibt einen wichtigen Unterschied:

- Ungesunder Egoismus bedeutet, nur an sich selbst zu denken, ohne Rücksicht auf andere.
- Gesunder Egoismus bedeutet, sich selbst an erste Stelle zu setzen, damit man langfristig für andere da sein kann.

Es ist nicht egoistisch, zuerst für deine eigene finanzielle Sicherheit zu sorgen. Es ist nicht egoistisch, dein eigenes Unternehmen aufzubauen, bevor du anderen einen Job anbietest. Und es ist nicht egoistisch, deine eigenen Träume zu verfolgen, auch wenn es bedeutet, dass du nicht zu jeder Verabredung erscheinen kannst.

Letztendlich entscheidet jeder für sich selbst, wie er sein Leben gestaltet. Doch ich kann dir aus Erfahrung sagen: Wenn du immer nur auf die Bedürfnisse anderer achtest und dich selbst vernachlässigst, wirst du irgendwann ausgebrannt sein – und dann kannst du niemandem mehr helfen.

Deshalb lautet die wichtigste Regel: Setz dir zuerst deine eigene Sauerstoffmaske auf.

Checkliste

- ✔ Setze dir zuerst deine eigene „Sauerstoffmaske" auf – du kannst nur anderen helfen, wenn du selbst stabil bist.
- ✔ Gesunder Egoismus bedeutet, Prioritäten zu setzen – nicht rücksichtslos zu handeln.
- ✔ Nur wer selbst genug hat (Zeit, Geld, Energie), kann sinnvoll etwas geben.
- ✔ Finanzielle, emotionale und mentale Stabilität sind die Basis für langfristige Hilfsbereitschaft.
- ✔ Lerne, klare Grenzen zu setzen und nicht jeder Einladung oder Erwartung nachzugeben.
- ✔ Plane Termine, die dir wichtig sind, verbindlich ein – sonst bestimmen andere deinen Kalender.
- ✔ Vermeide das Bedürfnis, es allen recht machen zu wollen – es bremst deine Entwicklung.
- ✔ Verwechsle gesundes Selbstmanagement nicht mit unsozialem Verhalten.
- ✔ Erlaube dir, dich selbst an erste Stelle zu setzen, ohne schlechtes Gewissen.
- ✔ Nur wer auf sich achtet, bleibt dauerhaft handlungsfähig – und kann so echten Mehrwert schaffen.

8

KAPITEL

Konzentriere dich auf deine Stärken, nicht auf deine Schwächen

In der Schule wurde uns beigebracht, ständig an unseren Schwächen zu arbeiten. Doch ist das wirklich der beste Weg zum Erfolg? Ich behaupte: Nein. Natürlich gibt es fundamentale Fähigkeiten, die jeder beherrschen sollte, wie Lesen, Schreiben und grundlegendes Zahlenverständnis. Aber darüber hinaus macht es viel mehr Sinn, sich auf das zu fokussieren, worin man wirklich gut ist.

Viele denken, ich wäre ein totaler Zahlenfreak, nur weil ich Immobiliendeals so schnell für mich kalkulieren kann. Die Wahrheit ist jedoch, dass auf meinem Halbjahreszeugnis der zehnten Klasse eine Sechs stand: ungenügend in Mathe. Ein Wochenendstudium im Maschinenbau habe ich nach zwei Fehlversuchen in Mathematik abgebrochen. Du bist also vermutlich besser in Mathe als ich – und kannst sicher auch besser kopfrechnen.

Wenn du eine Schwäche hast, kannst du sie mit viel Aufwand vielleicht auf ein mittelmäßiges Niveau heben. Aber wenn du eine Stärke hast und diese gezielt ausbaust, kannst du in diesem Bereich herausragend werden. Und genau das hebt dich von der Masse ab.

Schau dich mal um: Die erfolgreichsten Menschen sind nicht diejenigen, die in allem gut sind, sondern diejenigen, die in einer Sache außergewöhnlich sind.

Warum du nicht alles können musst

Gerade im Immobilienbereich sehe ich es immer wieder: Leute wollen sich weiterbilden, machen Kurse, sammeln Zertifikate – aber am Ende vergessen sie das Wesentliche: **Immobilien zu kaufen.**

Ich kenne Menschen mit Maklerschein, Bauingenieurstudium und Energieberater-Zertifikat, die keine einzige Immobilie besitzen. Und dann gibt es Menschen ohne jegliche Fachausbildung, die hundertste Wohnungen gekauft haben. Woran liegt das? **Der Unterschied ist der Fokus.**

Ein Freund von mir besitzt über 1.000 Wohneinheiten – und er kann nicht mal einen Nagel in die Wand schlagen. Womöglich ist genau das sein Erfolgsgeheimnis: Er konzentriert sich auf das, was er am besten kann, und den Rest überlässt er Profis.

Setze auf deine Stärken – delegiere deine Schwächen

Natürlich ist es hilfreich, die Grundlagen zu verstehen, damit dich niemand übers Ohr hauen kann. Aber das bedeutet nicht, dass du alles selbst machen musst. Gerade im Immobilienbereich kannst du fast alles auslagern:

- Handwerker erledigen die Renovierungen.
- Hausverwaltungen kümmern sich um die Mieter.
- Steuerberater optimieren deine Finanzen.
- Makler finden neue Objekte.

Natürlich kostet das Geld – aber es spart dir Zeit und Energie, die du in deine eigentliche Stärke investieren kannst.

Die Realität in der Immobilienbranche

Wenn du mal einen Bankberater, einen Immobilienmakler oder einen Versicherungsvertreter triffst, frag sie doch einfach mal, wie viele Immobilien sie selbst besitzen. **Du wirst überrascht sein, wie oft die Antwort „keine“ oder „nur eine“ lautet.**

Das zeigt: Theorie allein bringt dich nicht weiter. Was wirklich zählt, ist, ins Handeln zu kommen. Also, anstatt dich auf deine Schwächen zu konzentrieren, frag dich lieber: Was kann ich besonders gut? Wo liegt meine Stärke? Denn genau dort liegt dein Schlüssel zum Erfolg.

Checkliste

- ✔ Fokussiere dich auf das, was du besonders gut kannst – hier liegt dein größtes Potenzial.
- ✔ Arbeite nicht endlos an Schwächen, sondern baue gezielt deine Stärken aus.
- ✔ Die erfolgreichsten Menschen sind oft in einer Sache herausragend – nicht in allem durchschnittlich.
- ✔ Du musst nicht alles selbst können – lerne zu delegieren und Profis zu vertrauen.
- ✔ Verstehe die Grundlagen, um Entscheidungen treffen zu können, ohne dich ausnutzen zu lassen.
- ✔ Nutze externe Dienstleister für Renovierungen, Verwaltung, Buchhaltung oder Akquise.
- ✔ Setze deine Zeit und Energie dort ein, wo du den größten Hebel hast.
- ✔ Verwechsle Weiterbildung nicht mit Umsetzung – Theorie allein bringt dich nicht voran.
- ✔ Vergleiche dich nicht mit Experten, die selbst keine Immobilien besitzen – Praxis schlägt Zertifikate.
- ✔ Identifiziere deine persönlichen Stärken und entwickle daraus deine individuelle Strategie.

9

KAPITEL

Warum das richtige Mindset entscheidend ist

Das Wort Mindset wird mittlerweile so inflationär verwendet, dass es für viele einen negativen Beigeschmack hat. Doch lass dich davon nicht täuschen: Deine Einstellung entscheidet mehr über deinen Erfolg, als du dir vielleicht eingestehen willst.

Henry Ford sagte einmal: *„Ob du glaubst, du kannst es oder du kannst es nicht – du wirst in jedem Fall recht behalten.“*

Genau so ist es auch. Deine Gedanken haben eine immense Macht über deine Realität. Und das Beste daran: Du kannst sie bewusst steuern.

Bist du das Ei oder die Kartoffel?

Vielleicht hast du noch nie ein Ei und eine Kartoffel gleichzeitig in kochendes Wasser gelegt. Aber stell dir mal vor, du tust es.

- Das Ei wird durch die Hitze hart.
- Die Kartoffel wird durch die Hitze weich.

Die äußeren Umstände sind exakt die gleichen – aber das Ergebnis könnte nicht unterschiedlicher sein.

Und genau so ist es im Leben. Die Herausforderungen, die auf dich einwirken, sind oft dieselben wie bei anderen. Doch du hast die Wahl: Lässt du dich davon hart machen – oder weich?

Die meisten Menschen glauben, dass ihre Situation sie bestimmt. Doch in Wahrheit entscheidest du selbst, wie du darauf reagierst.

Jede Herausforderung ist ein Endgegner

Viele erwarten, dass das Leben mit der Zeit einfacher wird und die Herausforderungen kleiner werden. Doch hast du jemals ein Computerspiel gespielt, bei dem die Levels leichter wurden, je weiter du kamst? **Natürlich nicht.**

Im Gegenteil: Jedes neue Level ist schwieriger als das vorherige. Und genau so ist es im echten Leben.

- Höhere Herausforderungen bedeuten, dass du aufsteigst.
- Jeder Rückschlag ist nur ein Endgegner, der testet, ob du bereit für das nächste Level bist.

Statt zu hoffen, dass es einfacher wird, solltest du daran arbeiten, besser zu werden. Denn das ist die einzige Wahl, die du hast, wenn du weiterkommen willst.

Nutze meine Abkürzung

Ich weiß, dass viele meiner Sprüche auf den ersten Blick wie einfache Lebensweisheiten klingen. Manche belächeln sie sogar.

Aber: Diese Sprüche sind alltagserprobt. Ich habe bereits all diese Erfahrungen gemacht – daher nutze meine Erkenntnisse als Abkürzung. Glaube mir: Du musst nicht jeden Fehler selbst machen, um daraus zu lernen.

Wenn du also das nächste Mal vor einer Herausforderung stehst, erinnere dich an meine Worte: Das ist nur der Endgegner, der dich fragt, ob du bereit bist für das nächste Level.

Checkliste

- ✔ Lass dich vom inflationären Gebrauch des Begriffs „Mindset“ nicht abschrecken – deine Einstellung ist entscheidend.
- ✔ Glaube an deine Fähigkeiten – deine Gedanken formen deine Realität.
- ✔ Reagiere bewusst auf äußere Umstände, statt dich von ihnen formen zu lassen.
- ✔ Werde dir klar: Dieselbe Situation kann Menschen unterschiedlich beeinflussen – du hast die Wahl.
- ✔ Verstehe jede Herausforderung als Prüfung für das nächste Level.
- ✔ Akzeptiere, dass das Leben nicht leichter wird – du musst stärker werden.
- ✔ Erkenne Rückschläge als „Endgegner“, die deine Weiterentwicklung testen.
- ✔ Nutze erprobte Erfahrungen und vermeide unnötige Umwege – lerne aus den Fehlern anderer.
- ✔ Trainiere dein Mindset wie einen Muskel – durch regelmäßige Reflexion und neue Perspektiven.
- ✔ Frag dich bei Problemen: Was möchte mir diese Situation beibringen?

10

KAPITEL

Wie dein Umfeld dich prägt

Es gibt ein bekanntes Sprichwort: *„Du bist der Durchschnitt der fünf Personen, mit denen du dich am meisten umgibst.“* Lass diesen Satz mal sacken.

- Sind deine fünf engsten Freunde Raucher? Dann wirst du mit hoher Wahrscheinlichkeit auch einer sein oder es irgendwann werden.
- Fahren sie *Porsche*? Dann stehen die Chancen gut, dass du irgendwann ebenfalls einen fährst.
- Sind sie Millionäre? Dann rate mal, was das für dich bedeutet.

Und genau so funktioniert es auch in die andere Richtung. Wenn sich dein Umfeld ausschließlich über Probleme beschwert, wenig Ambitionen hat und sich im Leben treiben lässt, dann wird es für dich verdammt schwer, aus diesem Kreislauf auszubrechen.

Warum sich dein Umfeld automatisch ändern wird

Ich sage nicht, dass du all deinen alten Freunden die Freundschaft kündigen sollst. Aber ich werde ehrlich mit dir sein: Du wirst es gar nicht tun müssen – es passiert von ganz alleine.

Denn nicht jeder wird damit klarkommen, dass du dich weiterentwickelst. Viele Menschen mögen Veränderung nicht – vor allem nicht bei anderen.

Warum? Weil sie sich dann unbewusst selbst hinterfragen müssen. Dein Wachstum kann sie unter Druck setzen, auch wenn du es gar nicht beabsichtigst. Und das führt oft dazu, dass sie sich von dir distanzieren oder dich sogar ausbremsen wollen.

Wenn du also das Gefühl hast, dass dein Umfeld dich nicht unterstützt oder dich sogar kleinhalten will, dann sei dir bewusst: Das ist völlig normal. Aber wenn du an deinen Zielen arbeitest, werden sich die richtigen Menschen nach und nach in dein Leben ziehen. Dein Umfeld passt sich automatisch deinem Mindset an.

Warum ich „Energievampire" meide

Ich habe nie aktiv Freundschaften beendet. Aber ich habe etwas anderes gemacht: Ich habe aufgehört, Energie in Kontakte zu investieren, die mich ausbrennen statt inspirieren.

Hast du schon mal bemerkt, dass manche Gespräche dich völlig erschöpfen, während andere dich beflügeln?

- Wenn ich mit Menschen spreche, die große Ziele haben, verlasse ich das Gespräch voller Energie.
- Wenn ich mich mit Menschen unterhalte, die nur über ihre Probleme jammern und ständig Negativität verbreiten, fühle ich mich danach ausgelaugt.

Das war für mich ein wichtiger Aha-Moment. Ich habe festgestellt, dass es zwei Arten von Menschen gibt:

- Die, die Energie geben. Sie inspirieren dich, motivieren dich und bringen dich weiter.
- Die, die Energie rauben. Sie klagen über alles, suchen Ausreden und sehen in jeder Lösung ein neues Problem.

Sobald mir das bewusst wurde, habe ich angefangen, meine Zeit viel bewusster einzusetzen. Ich bin nicht mehr zu Treffen gegangen, nach denen ich mich erschöpfter gefühlt habe als vorher. Stattdessen habe ich mich mit Menschen umgeben, die mich weiterbringen – und bei denen ich das Gefühl habe, dass ich ihnen auch etwas geben kann.

Wie du aktiv dein Umfeld veränderst

Wie kannst du dein Umfeld bewusst so gestalten, dass es dich auf deinem Weg unterstützt? Hier sind drei einfache, aber wirkungsvolle Schritte:

- Reflektiere dein aktuelles Umfeld. Überlege, mit wem du am meisten Zeit verbringst. Sind es Menschen, die dich inspirieren? Oder eher solche, die dich bremsen?

- Suche gezielt nach Gleichgesinnten. Tausche dich mit Leuten aus, die ähnliche Ziele haben. Sei es in Netzwerken, bei Meet-ups oder Online-Communitys – es gibt überall Menschen, die in dieselbe Richtung gehen.
- Setze klare Grenzen. Du musst nicht mit jedem brechen, aber du kannst den Kontakt reduzieren, wenn er dir nicht guttut. Sei dir nicht zu schade, auch mal „Nein“ zu sagen, wenn dir ein Treffen mehr Energie rauben würde, als es dir bringt.

Gesunder Egoismus ist notwendig

Viele Menschen haben Angst davor, als egoistisch zu gelten. Aber hier ist die Wahrheit: Wenn du immer nur für andere da bist und dich von ihrem negativen Einfluss herunterziehen lässt, dann verlierst du dich selbst. Manchmal musst du dich an die erste Stelle setzen – nicht aus Rücksichtslosigkeit, sondern weil du sonst deine eigenen Ziele aufgibst.

Es geht nicht darum, andere zu ignorieren oder abwertend zu behandeln. Es geht darum, bewusst zu entscheiden, mit wem du deine Zeit verbringst. Denn wenn du ein bestimmtes Level im Leben erreichen willst, musst du dich fragen: Befinden sich die Menschen in meinem Umfeld auf diesem Level – oder zumindest auf dem Weg dorthin? Wenn die Antwort *Nein* ist, dann ist es vielleicht an der Zeit, dein Umfeld zu überdenken.

11

KAPITEL

Das richtige Werkzeug zur richtigen Zeit

Immer wieder sehe ich junge Menschen, die versuchen, erfolgreich zu werden, indem sie das Verhalten von Personen imitieren, die sie für erfolgreich halten. Doch Erfolg ist eine Frage der Definition. Was für den einen erstrebenswert erscheint, kann für den anderen völlig bedeutungslos sein.

Nehmen wir als Beispiel Andrew Tate. Viele junge Männer sehen in ihm ein Vorbild, während andere sein Leben nicht als erstrebenswert empfinden. Ohne hier eine Wertung vorzunehmen, bleibt festzuhalten: Einige Jugendliche glauben, sie müssten Essen beim Lieferdienst bestellen, anstatt selbst zu kochen, weil Tate genau das propagiert. Doch dabei übersehen sie den entscheidenden Punkt. Tate empfiehlt das Bestellen von Essen nicht aus Bequemlichkeit, sondern um die gewonnene Zeit in produktive Arbeit zu investieren. Und genau hier liegt der Denkfehler vieler: Wer Geld ausgibt, um sich Zeit zu erkaufen, muss diese Zeit auch sinnvoll nutzen.

Das funktioniert allerdings nur, wenn du bereits ein Einkommen erzielst, das weit über dem Durchschnitt liegt. Hast du ein hohes Stundenhonorar, kann es sich lohnen, Aufgaben wie Kochen oder Einkaufen auszulagern, um in der gesparten Zeit mehr zu verdienen. Doch wenn du noch ganz am Anfang stehst, ist es oft die klügere Entscheidung, solche Dinge selbst zu erledigen. Sonst verursachst du lediglich unnötige Kosten, ohne einen echten finanziellen Vorteil daraus zu ziehen.

Ein anderes Beispiel sind Privatjets. Erfolgreiche Menschen nutzen sie, weil sie damit wertvolle Zeit sparen und diese gewinnbringend einsetzen können. Doch viele junge Menschen ziehen daraus die falschen Schlüsse: Sie glauben, dass Privatjet-Fliegen ein Zeichen von Erfolg ist und dass sie selbst erfolgreich werden, wenn sie sich dasselbe leisten. Sie sehen nur das Endergebnis, aber nicht den Weg, der dorthin geführt hat.

In der Psychologie spricht man vom Prinzip **Sein – Tun – Haben**. Du musst zuerst innerlich die Person sein, die du sein möchtest, dann entsprechend handeln, um schließlich das zu bekommen, was du anstrebst. Viele drehen die Reihenfolge jedoch um. Sie glauben, sie müssten erst etwas besitzen – teure Uhren, Designerkleidung oder ein Luxusauto – um als erfolgreich zu gelten, und hoffen, dass der Rest dann automatisch folgt. Dabei übersehen sie, dass Erfolg immer mit einem entsprechenden Einsatz verbunden ist.

Doch harter Einsatz bedeutet nicht, sich rund um die Uhr abzurackern. Viel wichtiger ist es, die richtigen Dinge zur richtigen Zeit zu tun. Ich habe noch niemanden kennengelernt, der mit einem durchschnittlichen Nine-to-five-Job und einer mittelmäßigen Arbeitsmoral finanziell frei geworden ist. Erfolg entsteht durch gezielte Mehrarbeit in den entscheidenden Phasen. Wer nur das tut, was alle tun, wird auch nur das bekommen, was alle bekommen – und das ist in der Regel nicht besonders viel.

Es gibt also kein allgemeingültiges Erfolgsrezept. Die richtigen Strategien hängen immer von deiner aktuellen Situation ab. Ein Unternehmer mit Millionenumsätzen kann sich leisten, Arbeiten zu delegieren, weil sein Stundenlohn hoch genug ist. Jemand, der noch am Anfang steht, sollte sich jedoch erst einmal darauf konzentrieren, Kapital aufzubauen.

Ich gebe dir hier keine starren Regeln vor, sondern ein Buffet an Möglichkeiten. Deine Aufgabe ist es, die richtigen Werkzeuge zur richtigen Zeit auszuwählen. Entscheidend ist nicht, was andere tun, sondern was für dich in deiner jetzigen Lage am meisten Sinn ergibt. Noch wichtiger ist, zu erkennen, wann der richtige Moment gekommen ist, deine Strategie anzupassen.

Checkliste

- ✔ Prüfe regelmäßig, mit welchen Menschen du die meiste Zeit verbringst – sie beeinflussen dein Denken und Handeln.
- ✔ Erkenne, dass dein Umfeld sich automatisch verändert, wenn du wächst – nicht jeder wird mitziehen.
- ✔ Verabschiede dich innerlich von der Erwartung, dass dich alle auf deinem Weg unterstützen.
- ✔ Meide Menschen, die dir Energie rauben – investiere deine Zeit lieber in inspirierende Kontakte.
- ✔ Reflektiere ehrlich: Welche Gespräche beflügeln dich? Welche ziehen dich runter?
- ✔ Gestalte dein Umfeld aktiv: Suche Gleichgesinnte, etwa bei Stammtischen oder in Communitys.
- ✔ Setze klare Grenzen bei Menschen, die dich bremsen oder deine Entwicklung kleinreden.
- ✔ Verstehe gesunden Egoismus als notwendige Prioritätensetzung – nicht als Rücksichtslosigkeit.
- ✔ Erkenne, dass viele Menschen nur das Endergebnis erfolgreicher Vorbilder sehen – nicht den Weg dorthin.
- ✔ Handle nach dem Prinzip Sein – Tun – Haben: Werde erst die Person, die du sein willst, dann folgen die Ergebnisse.
- ✔ Setze die richtigen Werkzeuge zur richtigen Zeit ein – Erfolg ist immer abhängig von deiner aktuellen Ausgangslage.
- ✔ Lass dich nicht von Statussymbolen blenden, sondern fokussiere dich auf echte Weiterentwicklung.

12

KAPITEL

Warum der Zeitpunkt deiner Ersparnisse über deinen Erfolg entscheidet

Hast du dich jemals gefragt, warum du am Ende des Monats nichts mehr übrig hast? Du verdienst Geld, zahlst deine Rechnungen, kaufst, was du brauchst (und manchmal auch, was du nicht brauchst), und wenn der Monat vorbei ist, ist dein Konto fast leer. Und dann sagst du dir: „Ich würde ja sparen oder investieren, aber es bleibt einfach nichts übrig."

Dieses Problem haben viele Menschen – und die meisten denken, dass es daran liegt, dass sie einfach nicht genug verdienen. Doch das ist nur ein Teil der Wahrheit. Der eigentliche Fehler liegt oft darin, dass sie den falschen Zeitpunkt fürs Sparen wählen.

Ich habe schon oft den Tipp gegeben: Spare am Monatsanfang, nicht am Monatsende. Und dass mir dabei noch niemand eine Ohrfeige verpasst hat, ist ein echtes Wunder. Ablehnungen und empörte Reaktionen erhalte ich regelmäßig. Doch wie so oft sagt ein Feedback mehr über die Person aus, die es gibt, als über die Person, die es erhält.

Warum reagieren Menschen so wütend?

Ganz einfach: Sie wollen nicht hören, dass sie selbst für ihre finanzielle Situation verantwortlich sind. Wenn sie mir zuhören würden, könnten sie sich fragen: „Oh, das ist ja interessant. Kannst du mir bitte näher erklären, wieso der Zeitpunkt, wann ich spare, so entscheidend ist? Ich habe doch die gleichen Einnahmen und die gleichen Ausgaben, also warum sollte es einen Unterschied machen?" Doch genau diese Frage wird selten gestellt. Denn die meisten Menschen empfinden ihre finanzielle Situation als frustrierend und suchen nach äußeren Umständen oder anderen Menschen, denen sie die Schuld geben können – anstatt sich mit der unbequemen Wahrheit auseinanderzusetzen: Es liegt an ihnen selbst.

Sparen ist nicht nur Mathematik – es ist Psychologie

Rein mathematisch gesehen macht es tatsächlich keinen Unterschied, ob du am Anfang oder am Ende des Monats sparst. Doch Finanzen bestehen nicht nur aus Mathematik – sie sind stark von Psychologie geprägt. Der Mensch ist ein Überlebenswesen. In einer echten Notsituation sind wir in der Lage, das Unmögliche möglich zu machen. Doch die meisten Menschen leben dauerhaft in ihrer Komfortzone und fordern sich selbst nie heraus. Sie glauben, dass sie nur mit dem auskommen können, was am Monatsende noch übrig bleibt – doch in Wirklichkeit würden sie kreative Wege finden, um ihr Budget zu optimieren, wenn sie sich selbst in eine kleine, kontrollierte finanzielle Notsituation bringen würden.

Warum Sparen am Monatsanfang so viel besser funktioniert

Wenn du dir direkt nach dem Gehaltseingang einen festen Betrag zur Seite legst – sei es für Rücklagen, Investitionen oder den Vermögensaufbau –, dann wirst du den restlichen Monat automatisch dein Budget entsprechend anpassen.

Falls du dir jetzt denkst: „Ja, aber dann fehlt mir das Geld am Monatsende!" – genau das ist der Punkt! Du wirst gezwungen sein, sparsamer zu sein, bewusster mit deinem Geld umzugehen und vielleicht sogar neue Einkommensquellen zu entdecken.

Es geht nicht darum, sich in echte finanzielle Schwierigkeiten zu bringen. Es geht darum, sich selbst eine Disziplin aufzuerlegen, die es dir ermöglicht, langfristig finanzielle Sicherheit aufzubauen.

Deine erste Hausaufgabe: Analysiere deine Ausgaben!

Falls du denkst, dass du bereits sehr sparsam bist und es für dich keine Optimierungsmöglichkeiten gibt – ich bin mir sicher, dass ich noch den ein oder anderen Tipp für dich habe. Eine einfache, aber sehr wirkungsvolle Übung: Schau dir deine Kontoauszüge der letzten zwölf Monate genau an.

Ich nutze dazu einen CSV-Export meines Bankkontos, den ich dann in *Excel* analysiere. Du kannst so beispielsweise die Umsätze der letzten zwölf Monate anzeigen lassen und sie manuell kategorisieren. Du weißt danach, wie viel du ausgibst für Versicherungen, Lebensmittel, Konsum, Urlaub etc. Alternativ funktionieren auch Apps gut wie *Finanzguru*. Hier wird die Kategorisierung automatisch vorgenommen.

Und nun kommt der größte finanzielle Fehler: Die meisten Leute gehen nicht wegen ihrer Fixkosten pleite – sondern wegen ungeplanter und unerwarteter Ausgaben.

Eine kaputte Waschmaschine. Ein defektes Auto. Eine Arztrechnung. Dinge, für die sie keine Rücklagen gebildet haben.

Doch die Wahrheit ist: Diese Ausgaben kommen immer. Und wenn du keine Rücklagen hast, wirst du gezwungen sein, Schulden zu machen oder dein Konto zu überziehen – und das kostet dich auf lange Sicht noch mehr Geld.

Bezahle dich selbst zuerst

Die Lösung ist simpel: Zahle dir selbst zuerst dein Geld aus. Das hat auch den psychologischen Effekt, dass du deinem Unterbewusstsein sagst, dass du es dir wert bist, dich selbst zuerst zu zahlen.

Ich empfehle dir, mindestens zehn Prozent deiner monatlichen Einnahmen direkt zu sparen. Am besten richtest du einen Dauerauftrag ein, der dieses Geld direkt auf ein separates Unterkonto überweist, bevor du es überhaupt ausgeben kannst.

Und ja – es ist völlig okay, wenn du dieses Geld zunächst einfach nur auf einem separaten Girokonto parkst. Es geht nicht darum, gleich die perfekte Anlagestrategie zu haben. Es geht darum, die Gewohnheit zu entwickeln und Geld zur Seite zu legen.

Falls du motiviert bist, kannst du das Geld später in ETFs oder andere Anlageformen investieren – doch das erkläre ich in einem späteren Kapitel.

Wichtig ist nur: Lass dich nicht von Perfektion aufhalten. Viele Menschen tun gar nichts, weil sie es „perfekt" machen wollen. Doch der erste Schritt ist, einfach anzufangen.

Wie du noch profitieren kannst

Falls du ohnehin überlegst, ein neues Konto zu eröffnen, kannst du auch von Kunden-werben-Kunden-Aktionen profitieren. Viele Banken zahlen dir für eine Kontoeröffnung 50 bis 100 Euro Bonus – und falls du eine Empfehlung brauchst, kannst du mich gerne anschreiben, dann profitieren wir beide.

Das ist ein klassisches Beispiel für den Unterschied zwischen Menschen, die aktiv nach Wegen suchen, ihr Vermögen zu mehren – und denen, die nur Gründe suchen, warum sie nichts tun können.

Checkliste

✔ Spare am Monatsanfang, nicht am Monatsende – so steuerst du aktiv deine Ausgaben.

✔ Erkenne: Der größte Fehler ist nicht das Einkommen, sondern der falsche Zeitpunkt beim Sparen.

✔ Verstehe, dass finanzielle Entscheidungen stark psychologisch geprägt sind, nicht nur mathematisch.

✔ Setze dich bewusst unter finanziellen Druck, um kreativer und bewusster mit Geld umzugehen.

✔ Analysiere deine Ausgaben der letzten zwölf Monate – z. B. mit einer Banking-App oder *Excel*.

✔ Unvorhergesehene Ausgaben sind der häufigste Grund für finanzielle Engpässe – plane Rücklagen ein.

✔ Zahle dir selbst zuerst dein Geld aus – mindestens zehn Prozent deiner Einnahmen per Dauerauftrag.

✔ Parke das Geld zunächst auf einem separaten Konto – es geht um die Gewohnheit, nicht um Perfektion.

✔ Starte einfach, statt auf den perfekten Moment zu warten – Machen schlägt Zerdenken.

✔ Nutze Bank-Boni bei Kontoeröffnungen als zusätzlichen Startvorteil.

✔ Verinnerliche: Erfolg beginnt mit einer Entscheidung – nicht mit einem Kontostand.

13

KAPITEL

Kleine Geld-Hacks für Einsteiger

Im vorherigen Kapitel hast du gelernt, dass der Zeitpunkt, wann du sparst, entscheidend ist – nämlich am Monatsanfang. Doch Sparen allein wird dich nicht reich machen. Um wirkliches Vermögen aufzubauen, musst du investieren.

Viele Menschen haben die Vorstellung, dass sie zuerst eine große Summe Geld ansparen müssen, bevor sie anfangen können zu investieren. Doch das ist ein Irrglaube. Dein Einkommen ist nicht limitiert – dein Sparpotenzial hingegen schon.

Lass mich das erklären: Es ist theoretisch möglich, jeden Monat 1.000 Euro zu sparen – aber nur, wenn dein Einkommen es zulässt und du extrem sparsam lebst. Doch es ist viel einfacher, 1.000 Euro zusätzlich zu verdienen, als 1.000 Euro einzusparen. Denn während deine Sparmöglichkeiten nach unten begrenzt sind (irgendwann kannst du nicht mehr verzichten, ohne deine Lebensqualität massiv einzuschränken), gibt es nach oben hin keine Grenze für deine Einkommensmöglichkeiten.

Das bedeutet aber nicht, dass du jetzt direkt dein Gehalt verhandeln oder ein Nebeneinkommen aufbauen musst. Zuerst geht es darum, deine Finanzen im Griff zu haben und unnötige Ausgaben zu reduzieren – ohne dabei an Lebensqualität einzubüßen.

Spare nicht an den falschen Stellen

Viele Finanzratgeber predigen, dass du auf deinen täglichen Kaffee verzichten sollst, um reich zu werden. Doch ganz ehrlich: Das wird dich nicht zum Millionär machen. Wenn dir ein Kaffee am Morgen Freude bereitet und dein Tag dadurch angenehmer wird, dann ist das in Ordnung. Es ist nicht der Genuss, der das Problem ist – es sind unbewusste, teure Gewohnheiten.

Wenn du dir jeden Tag einen Fünf-Euro-Kaffee bei *Starbucks* kaufst, dann kostet es dich rund 100 Euro im Monat. Das ist Geld, das du stattdessen investieren könntest. Doch bedeutet das, dass du nie wieder einen Kaffee auswärts trinken darfst? Nein. Die Frage ist: Bereichert diese Ausgabe dein Leben wirklich? Oder hast du sie dir einfach angewöhnt, ohne sie zu hinterfragen?

Falls der tägliche *Starbucks*-Kaffee kein großer Genuss mehr ist, sondern nur noch eine Routine, kannst du dir überlegen, ob du eine Alternative findest – z. B. deinen Kaffee von zu Hause mitzunehmen und die 100 Euro stattdessen in dein erstes Investment zu stecken.

Doch genug von kleinen Einsparungen – lassen wir uns über echte Geld-Hacks sprechen, mit denen du deine täglichen Ausgaben reduzieren kannst, um schneller ein Startkapital für Investments aufzubauen.

Wie du Alltagsprodukte kostenlos bekommst

Hast du schon einmal von Cashback-Aktionen gehört? Es gibt zahlreiche Möglichkeiten, Produkte des täglichen Bedarfs kostenlos zu erhalten, indem du einfach den Kassenbon hochlädst und dein Geld zurückerstattet bekommst.

Das funktioniert so:

- Du kaufst bestimmte Aktionsprodukte im Supermarkt oder in der Drogerie.
- Du fotografierst den Kassenbon und lädst ihn über eine App oder eine Webseite hoch.
- Der Kaufbetrag wird dir zu 100 % zurückerstattet.

Auf diese Weise habe ich mir beispielsweise einen Vorrat an Waschmittel für mehrere Jahre kostenlos angelegt – von bekannten Markenherstellern.

Natürlich gibt es hier ein paar Tricks, die man kennen muss. Oft sind die Aktionen pro Haushalt nur einmalig gültig. Doch mit etwas Geschick wirst du selbst herausfinden, wie du das System für dich nutzen kannst.

Ist das für jeden sinnvoll?

Ich möchte betonen, dass Cashback-Aktionen nicht für jeden geeignet sind.

- Wenn du gerade erst anfängst, dein Budget in den Griff zu bekommen und jeden Euro umdrehen musst, sind sie eine gute Möglichkeit, um Geld zu sparen und dein Spar- und Investitionskapital zu erhöhen.
- Wenn deine Zeit bereits wertvoller ist als die Ersparnis, die du durch Cashback erhältst, macht es irgendwann keinen Sinn mehr. Ich habe Cashback eine Zeit lang intensiv genutzt und damit einen vierstelligen Betrag gespart, doch irgendwann wurde mir meine Zeit wichtiger als kostenlose Waschmittel.

Falls du das ausprobieren möchtest, kannst du einfach mal bei *Google* nach „GZG Geld-zurück-Tabelle" suchen. Auf der Plattform *MyDealz* gibt es eine ständig aktualisierte *Excel*-Tabelle mit den besten aktuellen Aktionen.

Achte jedoch darauf, die Teilnahmebedingungen genau zu lesen. Du kannst nicht einfach wahllos alle Produkte kaufen und erwarten, dass du dein Geld zurückbekommst – es gibt immer bestimmte Vorgaben, die du beachten musst, wie z. B. einen Aktionszeitraum, Aktionsverpackungen, oft nur auf ein Teil anwendbar pro Haushalt – aber auch hier kann man kreativ werden.

Zusätzlich Cashback und Bonuspunkte sammeln

Neben den klassischen Cashback-Aktionen gibt es noch eine weitere Möglichkeit, bei alltäglichen Einkäufen Geld zurückzubekommen: *Payback* und andere Bonusprogramme.

Die meisten Menschen unterschätzen, wie viel Geld sie durch intelligentes *Payback*-Punkte Sammeln zurückholen können. Ich selbst habe *Payback* und Cashback lange belächelt – bis ich es ausprobiert habe.

Und es funktioniert wirklich:

- Nutze *Payback* bei jedem Einkauf, aber nur für Dinge, die du ohnehin kaufen würdest.
- Aktiviere vor dem Einkauf *Payback*-Coupons in der App – so kannst du bis zu 50-fach Punkte sammeln.

- Kombiniere *Payback* mit Cashback-Angeboten. Wenn du ein Produkt mit Cashback kaufst und gleichzeitig *Payback*-Punkte sammelst, bekommst du doppelt Geld zurück.
- Lass dir die *Payback*-Punkte auszahlen oder nutze sie für Flugprämien wie ich es mit meiner Familie handhabe.

Ich kenne Leute, die ihre kompletten Urlaubsflüge durch *Payback*-Punkte bezahlt haben – ohne jemals mehr Geld auszugeben, als sie ohnehin ausgegeben hätten. Und so mache ich es auch.

Zusammenfassung

So reduzierst du deine monatlichen Ausgaben und investierst mehr

- Hinterfrage deine Gewohnheiten. Verzichte nicht auf alles, aber prüfe, ob bestimmte Ausgaben dein Leben wirklich bereichern oder nur unbewusst entstanden sind.
- Nutze Cashback-Aktionen. Viele Produkte des täglichen Bedarfs kannst du kostenlos bekommen, wenn du Kassenbons hochlädst.
- Kombiniere Cashback mit *Payback*. So bekommst du nicht nur dein Geld zurück, sondern sammelst zusätzlich Bonuspunkte, die du später in Geld oder Prämien umwandeln kannst.
- Wähle deine Geld-Hacks bewusst. Deine Zeit ist kostbar – sobald du finanziell stabiler bist, solltest du überlegen, ob sich bestimmte Sparmaßnahmen noch lohnen oder ob du deine Energie lieber in Einkommenssteigerung steckst.

Das Ziel ist nicht, jeden Cent umzudrehen und sich das Leben schwer zu machen. Doch wenn du diese kleinen Tricks anwendest, kannst du am Anfang schneller dein erstes Investment-Kapital aufbauen – ohne, dass du dafür auf Lebensqualität verzichten musst. Und denke immer daran: Reich wirst du nicht durch Sparen, sondern durch Investieren. Doch um investieren zu können, brauchst du Kapital – und genau darum geht es in diesem Kapitel.

Checkliste

- ✔ Hinterfrage deine Ausgaben: Spare nicht an Dingen, die dir Freude bringen, sondern an teuren Gewohnheiten, die keinen echten Mehrwert bieten.
- ✔ Reduziere fixe Ausgaben, aber nur dort, wo es deine Lebensqualität nicht beeinträchtigt.
- ✔ Beginne nicht erst zu investieren, wenn du viel Geld hast – starte klein, aber regelmäßig.
- ✔ Nutze Cashback-Aktionen für Produkte des täglichen Bedarfs, indem du Kassenbons hochlädst.
- ✔ Informiere dich über aktuelle „Geld-zurück"-Aktionen, z. B. über die „GZG-Tabelle" auf *MyDealz*.
- ✔ Beachte die Teilnahmebedingungen bei Cashback-Aktionen, um keine Ablehnung zu riskieren.
- ✔ Kombiniere Cashback mit *Payback*-Punkten, um doppelt zu profitieren.
- ✔ Aktiviere *Payback*-Coupons vor jedem Einkauf, um deine Punkteausbeute zu maximieren.
- ✔ Lasse dir *Payback*-Punkte auszahlen oder nutze sie für Flugprämien und andere Belohnungen.
- ✔ Überlege regelmäßig, ob sich der Aufwand deiner Geld-Hacks noch lohnt oder du deine Zeit besser in Einkommenssteigerung investierst.
- ✔ Nutze diese Strategien, um schneller Kapital für deine ersten Investitionen aufzubauen.

14

KAPITEL

Reisen wie ein Millionär, für einen Bruchteil der Kosten

Im letzten Kapitel hast du gelernt, wie du mit Cashback deine Alltagskosten reduzieren kannst. Doch es gibt eine Möglichkeit, noch größere Einsparungen zu erzielen, und dabei gleichzeitig deinen Lebensstandard zu erhöhen: Punkte- und Meilenprogramme.

Ich gebe es zu: Ich habe lange den Sinn von *Payback* nicht verstanden. Ich dachte, das lohnt sich nur, wenn man Rentner ist und jede Woche mit dem Couponheft einkaufen geht. Doch dann habe ich mich intensiver mit der Materie beschäftigt – und heute fliegt meine gesamte Familie für weniger Geld in der Business Class, als wir früher für Economy-Flüge ausgeben würden.

Ein Beispiel: Ein Business-Class-Flug für die gesamte Familie würde uns regulär rund 10.000 Euro kosten. Dank *Payback*, *Miles & More* und ein paar smarter Strategien zahlen wir stattdessen nur 500 bis 1.000 Euro – und fliegen deutlich bequemer als in der Economy.

Das bedeutet: Luxus für weniger Geld. Und genau das ist eine der wichtigsten finanziellen Lektionen, die du aus diesem Kapitel mitnehmen kannst.

Wie funktioniert das?

Die Antwort ist simpel: Ich sammle *Payback*-Punkte – aber strategisch.

Im ersten Jahr, in dem ich mich intensiv damit beschäftigt habe, habe ich mehr Punkte gesammelt als in den 15 Jahren davor zusammen. Warum? Weil ich gelernt habe, die richtigen Hacks anzuwenden.

Weitere Beispiele

- Stromanbieter-Wechsel mit *Payback*: Wenn ich neue Stromzähler für meine Immobilien anmelde, mache ich das über *Payback*. Ein Anbieterwechsel bringt mir teilweise 30.000 Punkte.
- Großeinkäufe bei *dm* & Co.: Ich nutze gezielt *Payback*-Coupons, die mir fünffach, zehnfach oder sogar 20-fach Punkte bringen. Dadurch bekomme ich bei einem 30-Euro-Einkauf

oft 1.000 Punkte, da ich verschiedene Coupons miteinander kombiniere.

- Kreditkarten-Punkte sammeln: Neben *Payback* nutze ich auch Kreditkarten wie die *American Express (Amex)* oder *Miles & More*, um bei jedem Einkauf zusätzlich Meilen zu generieren.

Mit diesen einfachen Maßnahmen habe ich mir in kurzer Zeit eine riesige Menge an Punkten aufgebaut – und dadurch das Reisen auf ein neues Level gebracht.

Warum nicht einfach den Flug zahlen?

Natürlich könnte ich einfach 10.000 Euro für einen Business-Class-Flug zahlen. Doch warum sollte ich, wenn ich mit den richtigen Strategien für einen Bruchteil des Preises luxuriös reisen kann?

Viele Menschen denken, dass Millionäre immer verschwenderisch leben. Doch die Realität sieht oft anders aus. Die wohlhabendsten Menschen, die ich kenne, geben oft weniger aus als die Mittelschicht – weil sie wissen, wie sie ihre Ausgaben optimieren können.

Und genau darum geht es auch hier: Du kannst ein besseres Leben führen, ohne mehr Geld auszugeben.

Das Pareto-Prinzip: 80 Prozent Ergebnis mit 20 Prozent Aufwand

Wenn du in die Welt der Finanzoptimierung einsteigst, wirst du ein Konzept immer wieder hören: Das Pareto-Prinzip (auch bekannt als die 80/20-Regel).

Es besagt, dass du mit 20 Prozent des Aufwands 80 Prozent des Ergebnisses erzielen kannst – während die letzten 20 Prozent des Ergebnisses noch einmal 80 Prozent mehr Aufwand kosten würden.

Wie kannst du das für dich nutzen?

- Setze auf die einfachen, großen Hebel. Ich zeige nicht bei jeder Gelegenheit meine *Payback*-Karte vor, sondern nur dort, wo es sich wirklich lohnt.
- Kombiniere die richtigen Programme. Statt einfach blind Punkte zu sammeln, nutze ich gezielt Kreditkarten, *Payback*, Meilenprogramme und Cashback zusammen.

So erreiche ich mit wenig Aufwand 80 Prozent des Ergebnisses – und spare mir die restlichen 80 Prozent Aufwand für minimale Verbesserungen.

Das Reiseerlebnis: Business Class & Lounges

Nun fragst du dich vielleicht: Lohnt sich das wirklich? Man kommt doch schließlich zur selben Zeit am Zielflughafen an.

Lass mich dir eins sagen: Der Unterschied zwischen Economy und Business ist gewaltig.

- Mehr Beinfreiheit & Komfort: Du kommst entspannt statt gestresst an.
- Bessere Verpflegung & Service: Während andere sich mit Mini-Wasserflaschen begnügen, genießt du Champagner & exklusive Menüs.
- Exklusive Lounges am Flughafen: Während Economy-Passagiere auf harten Stühlen am Gate warten, entspannst du dich in bequemen Sesseln mit Snacks & Getränken.

Ein besonderes Erlebnis war für mich die *Turkish Airlines* Lounge am neuen Flughafen in Istanbul. Sie ist auf Fünf-Sterne-Niveau – im Gegensatz zu manchen deutschen Lounges, die kaum mehr als eine bessere Wartehalle sind.

Aber selbst eine einfache Lounge ist immer angenehmer als ein überfülltes Terminal.

Im nächsten Kapitel beschäftigen wir uns mit einer noch wichtigeren Frage: Wie kannst du dein Einkommen so steigern, dass solche Ausgaben gar keine Rolle mehr für dich spielen?

Checkliste

✔ Nutze *Payback* strategisch, nicht nur sporadisch.

✔ Aktiviere regelmäßig Mehrfach-Coupons (z. B. zehnfach oder 20-fach) für maximale Punkteausbeute.

✔ Kombiniere verschiedene Programme: *Payback*, Cashback, *Miles & More*, Kreditkarten mit Bonus.

✔ Wechsle Strom- oder Gasanbieter über *Payback*-Plattformen und sichere dir Bonuspunkte.

✔ Achte auf Aktionen bei Drogerien und Supermärkten mit hohem Punktepotenzial.

✔ Nutze gezielt Kreditkarten wie *Amex* oder *Miles & More* zur Meilengenerierung.

✔ Setze auf das Pareto-Prinzip: 80 Prozent Ergebnis mit 20 Prozent Aufwand – konzentriere dich auf große Hebel.

✔ Reise in der Business Class durch geschickten Punkteeinsatz statt durch hohe Ausgaben.

✔ Genieße Lounges und Komfort ohne Aufpreis – durch vorausschauende Punkteplanung.

✔ Denke langfristig: Recherchiere und optimiere kontinuierlich deine Strategie.

✔ Starte jetzt – denn je früher du beginnst, desto schneller profitierst du von den Vorteilen.

KAPITEL 15

Wie du dein Einkommen erhöhst

Bisher hast du gelernt, wie du im Alltag deine Kosten reduzieren kannst, um mehr Geld für Investitionen oder einen besseren Lebensstandard zur Verfügung zu haben. Doch Sparen allein bringt dich nicht zur finanziellen Freiheit - du musst auch deine Einnahmen erhöhen. Egal, ob du Azubi, Student, Angestellter, Beamter oder Selbstständiger bist - es gibt immer Möglichkeiten, mehr Geld zu verdienen. Natürlich hängt es von deiner individuellen Situation ab, wie einfach oder schwierig das ist.

Ein Beamter in Vollzeit wird nicht einfach sein Gehalt verdoppeln können, aber selbst hier gibt es Nebenjobs oder langfristige Möglichkeiten, sich durch Weiterbildungen besser zu positionieren. Und wenn es am Ende nur das Einräumen von Regalen im Supermarkt ist - auch das ist eine Option.

Warum ich mir für Geld nie zu schade war

Ich habe in meiner Jugend fast alles gemacht, um Geld zu verdienen. Ich habe in Supermärkten Inventuren durchgeführt und andere Jobs übernommen, die nicht gerade glamourös waren. Doch das wäre heute nicht mehr meine erste Wahl.

Warum? Weil ich mittlerweile verstanden habe, dass du für höheres Einkommen eine Fähigkeit brauchst, die nicht jeder hat.

Wenn du etwas tust, das jeder machen kann, bist du automatisch austauschbar - und dein Verdienst ist begrenzt. Wenn du jedoch eine besondere Fähigkeit hast oder dir aneignest, kannst du damit ein Einkommen erzielen, das weit über dem Durchschnitt liegt.

Solltest du aktuell keine besondere Fähigkeit haben, gibt es immer noch die Möglichkeit, einfache Jobs anzunehmen. Aber langfristig solltest du deine Zeit nutzen, um eine Fähigkeit zu erlernen, die dich weiterbringt.

Selbst wenn du aktuell nur Regale einräumst, kannst du diese Zeit produktiv nutzen, indem du Podcasts oder Hörbücher hörst, die dich weiterbilden.

Aber Achtung: Ich empfehle dir während der Zeit, in der du dieses Buch durcharbeitest, nicht einfach wahllos alle möglichen Finanz-

oder Business-Inhalte zu konsumieren. Bleib bei einer klaren Strategie, sonst verlierst du dich in unnötigen Informationen.

Falls du nicht weißt, welche Inhalte für deine aktuelle Situation sinnvoll sind, kannst du mich gerne kontaktieren – ich gebe dir gerne eine Empfehlung.

Gehaltserhöhung: Der einfachste Weg zu mehr Einkommen

Die simpelste Möglichkeit für mehr Geld ohne Zusatzaufwand ist eine Gehaltserhöhung.

Die meisten Leute trauen sich jedoch nicht, danach zu fragen. Doch was hast du zu verlieren?

Ein *Nein* hast du bereits, wenn du gar nicht erst fragst. Die einzige Möglichkeit, wie sich etwas für dich ändert, ist, wenn du nach einer Gehaltserhöhung fragst.

Aber Achtung: Ich würde niemals einfach plump nach mehr Geld fragen. Das führt in 90 Prozent der Fälle zu einem *Nein*.

Stattdessen solltest du folgendermaßen vorgehen:

- Suche zuerst das Gespräch über deine Leistung. Frage deine Führungskraft um ein ehrliches Feedback:
    - „Was kann ich verbessern?"
    - „Wie sehen Sie meine aktuelle Entwicklung?"
    - „Welche Fähigkeiten fehlen mir noch für den nächsten Karriereschritt?"
- Lass dir messbare Kriterien geben. Statt nur nach einer Erhöhung zu fragen, stelle die Frage so:
    - „Was muss passieren, damit ich eine Gehaltserhöhung bekomme?"
    - „Welche konkreten Ziele muss ich erreichen, um mehr Verantwortung und ein höheres Gehalt zu bekommen?"
- Setze klare Deadlines. Wenn dein Chef sagt, dass er darüber nachdenken muss, frag nach einem festen Termin:

  - „Wann können wir uns das nächste Mal darüber unterhalten?"
  - „Bis wann kann ich mit einer Entscheidung rechnen?"
- Mache deinen Wert sichtbar. Viele Angestellte werden nach Stunden bezahlt – das ist ein Fehler.
- Erfolgreiche Menschen werden für Ergebnisse bezahlt.
- Falls möglich, versuche das Gespräch in Richtung leistungsbasierter Bezahlung zu lenken.
- Zeige, welchen Mehrwert du für das Unternehmen bringst.

Fazit: Eine Gehaltserhöhung gibt es oft nicht, weil die Führungskraft es einfach nicht auf dem Schirm hat. Wenn du dich als engagierter Mitarbeiter zeigst, steigert das nicht nur deine Chancen auf eine Erhöhung, sondern oft auch auf eine Beförderung.

Die beste Strategie: Eine Fähigkeit entwickeln, die dich unverzichtbar macht

Langfristig solltest du nicht nur auf Gehaltserhöhungen setzen, sondern deine Fähigkeiten weiterentwickeln.

Ich habe über die Jahre festgestellt, dass es viel sinnvoller ist, in neue Fähigkeiten zu investieren, als Überstunden zu machen.

Natürlich kannst du kurzfristig mit Überstunden dein Einkommen erhöhen – aber ist das wirklich die beste Strategie?

Stattdessen solltest du überlegen:

- Welche Fähigkeiten bringen dich weiter?
- Welche Kenntnisse kannst du dir aneignen, die gefragter sind als das, was du jetzt kannst?
- Wie kannst du dein Wissen so nutzen, dass du mehr verdienst, ohne mehr zu arbeiten?

Ein gutes Beispiel ist das Thema Online-Business oder Dienstleistungen. Wer sich mit Marketing, Programmierung oder Beratung beschäftigt, kann seine Fähigkeiten ortsunabhängig und zu hohen Stundensätzen verkaufen.

Das gilt übrigens auch, wenn du bereits in einem Beruf bist: Wer sich spezialisiert und eine Schlüsselrolle einnimmt, wird automatisch unverzichtbar – und das spiegelt sich in deinem Einkommen wider.

Am Ende kommt es darauf an, wie viel du für dein Wissen und deine Fähigkeiten verlangen kannst. Und das ist eine Entscheidung, die du heute triffst.

Im nächsten Kapitel zeige ich dir, wie du deine Ersparnisse richtig nutzt, um langfristig Vermögen aufzubauen – und warum du niemals dein hart verdientes Geld einfach auf dem Konto liegen lassen solltest.

Checkliste

- ✔ Entwickle langfristig eine Fähigkeit, die dich unverzichtbar macht.
- ✔ Höheres Einkommen erreichst du durch Fähigkeiten, die nicht jeder hat.
- ✔ Konsumiere Inhalte gezielt – nicht wahllos – und bleibe einer klaren Strategie treu.
- ✔ Frage aktiv nach Feedback im Job und erkenne, woran du wachsen kannst.
- ✔ Bitte nie direkt nur um Geld – frage stattdessen nach messbaren Kriterien für mehr Gehalt.
- ✔ Vereinbare klare Deadlines für nächste Schritte im Gehaltsgespräch.
- ✔ Positioniere dich als wertvoll für das Unternehmen – Ergebnisse zählen mehr als Zeit.
- ✔ Überlege, in welche Fähigkeiten du investieren kannst (z. B. Marketing, Beratung, Programmierung).
- ✔ Spezialisiere dich, um unersetzlich zu werden und höhere Preise durchsetzen zu können.
- ✔ Prüfe regelmäßig deine aktuelle Situation: Gibt es intern noch Aufstiegsmöglichkeiten?
- ✔ Nutze dein Umfeld und deine Stärken, um alternative Einkommensquellen zu erschließen.
- ✔ Setze langfristig auf Fähigkeiten statt auf Überstunden.

16

KAPITEL

Geldmindset

Das richtige Geldmindset – da ist es schon wieder, dieses inflationär genutzte Wort *Mindset*. Doch egal, wie du persönlich dazu stehst: Deine innere Haltung zu Geld entscheidet maßgeblich darüber, ob du jemals Vermögen aufbauen wirst oder nicht. In unserer Gesellschaft hält sich hartnäckig die Vorstellung, Geld verderbe den Charakter. In meiner Welt lautet der Satz anders: Geld verstärkt den Charakter. Wenn du ein schlechter Mensch bist, macht dich Geld nicht besser – im Gegenteil. Es gibt dir nur mehr Möglichkeiten, deine negativen Seiten auszuleben. Umgekehrt gilt das ebenso: Wenn du ein guter Mensch bist, dann wird Geld dir mehr Möglichkeiten geben, Gutes zu tun.

Was viele unterschätzen: Deine Einstellung zu Geld wirkt wie ein Magnet. Und dieser Magnet kann entweder anziehen oder abstoßen. Die meisten Menschen spüren im Umgang mit Geld vor allem eines: Angst. Angst, Geld zu verlieren. Angst, nicht genug zu haben. Angst, falsche Entscheidungen zu treffen. Diese Angst wirkt unterschwellig und lähmt ihre finanziellen Entscheidungen – oft so stark, dass sie sich selbst sabotieren, ohne es zu merken.

Eine einfache Übung: Nimm dir – wenn möglich – ein oder zwei 500-Euro-Scheine. Leg sie in dein Portemonnaie und trage sie fortan immer bei dir. Was ist der erste Gedanke, der dir jetzt in den Kopf schießt? Halte kurz inne. Notiere ihn dir, bevor du weiterliest.

Ich habe für mich vor Jahren eine ganz eigene Variante dieser Übung gewählt: Seit langer Zeit trage ich einen 500-Euro-Schein sichtbar in meiner transparenten Handyhülle mit mir herum. Ich habe mich komplett daran gewöhnt. Doch jedes Mal, wenn jemand diesen Schein entdeckt, kommt die gleiche Reaktion: „Was, wenn dir jemand dein Handy klaut?“ Oder: „Was, wenn du den Schein verlierst?“ Die Angst vor Verlust steht im Vordergrund.

Doch schauen wir genauer hin: Ein aktuelles Smartphone kostet im Schnitt 1.000 Euro – bei teureren Modellen deutlich mehr. Wenn mir jemand mein Handy klaut, ist der materielle Schaden oft doppelt so hoch wie der Verlust eines 500-Euro-Scheins. Hinzu kommt der Ärger mit ggf. verlorenen Daten. Und dennoch löst der sichtbare Geldschein bei vielen mehr Unbehagen aus als das

Smartphone selbst. Das eigentliche Problem ist also nicht das Geld – sondern unsere emotionale Beziehung dazu.

Noch schlimmer als der Verlust selbst ist die innere Blockade. Wer ständig Angst hat, Geld zu verlieren, wird unbewusst alles dafür tun, kein Vermögen aufzubauen. Denn Geld wird dann zu etwas Gefährlichem, etwas Bedrohlichem. Die Folge: Solche Menschen leben in ständiger finanzieller Vorsicht. Sie decken ihre Grundbedürfnisse, aber alles, was darüber hinausgeht, lehnen sie innerlich ab – selbst wenn sie es rational anders sehen. Sie wünschen sich mehr Geld, aber sobald es real wird, entsteht Unwohlsein.

Ein Beispiel: Viele Menschen träumen davon, im Lotto zu gewinnen. Doch wenn man sie fragt, was sie mit dem Gewinn machen würden, kommt fast immer dieselbe Antwort: Sie erzählen, was sie sich alles kaufen würden. Häuser, Autos, Reisen. Die erste Assoziation ist immer: ausgeben. Kaum jemand spricht darüber, wie man dieses Geld sinnvoll anlegt, schützt oder langfristig bewahrt. Die Denkweise zielt auf Konsum – nicht auf Vermögensbildung.

Auch bei Geschäftsideen fällt das auf. Menschen stellen ihre Idee vor, und im selben Atemzug sagen sie: „Aber ich will damit nicht reich werden." Warum eigentlich nicht? Warum dieser reflexartige Schutzmechanismus? Ich beobachte, dass genau diese Menschen es im Leben selten schaffen, finanziell frei zu werden. Weil sie sich selbst unbewusst sabotieren. Sie sagen zwar, sie möchten finanziellen Erfolg – aber ihre tief verankerten Überzeugungen verhindern genau das.

Wenn du Geld als etwas Bedrohliches empfindest, wirst du es nie mit Leichtigkeit halten können. Deshalb ist die 500-Euro-Übung so kraftvoll. Für mich hat sie ein neues Sicherheitsgefühl geschaffen. Ich weiß: In einer Notsituation kann ich auf diesen Schein zurückgreifen. Gleichzeitig habe ich das Mangeldenken überwunden. Mein Ziel ist klar: Ich will finanziell an einem Punkt sein, an dem 500 Euro keine große Summe mehr darstellen. Trotzdem achte und respektiere ich diesen Schein – aber ich habe keine Angst mehr vor seinem Verlust. Und genau diese Haltung hat in meinem Leben vieles verändert.

Noch ein Denkanstoß: In Deutschland sind Milliardäre oft verpönt. Schnell wird über „die da oben“ geschimpft. Doch warum eigentlich? Ich habe einmal den Satz gehört: „Wer Milliardär werden will, muss ein Problem lösen, das eine Milliarde Menschen betrifft.“ Ich finde, das bringt es auf den Punkt. Jeff Bezos, Elon Musk – ob man sie mag oder nicht – haben in ihrer Karriere große Probleme gelöst. Bezos hat den Onlinehandel revolutioniert. Musk hat in kürzester Zeit ein weltweites Ladenetzwerk aufgebaut, das der gesamten deutschen Autoindustrie zuvorgekommen ist. Er bringt Satelliten ins All – zu einem Bruchteil der Kosten der *NASA*.

Ob man das gut findet oder nicht, sei dahingestellt. Entscheidend ist: Diese Menschen lösen Probleme. Und genau das kannst du auch. Wenn du Vermögen aufbaust, löst du auf irgendeine Weise Probleme anderer Menschen. Ich bin z. B. Vermieter – und mein Ziel ist es, bezahlbaren, gepflegten Wohnraum zur Verfügung zu stellen. Ich kümmere mich zuverlässig um die Anliegen meiner Mieter. Deshalb habe ich kein Problem damit, Miete entgegenzunehmen. Ich biete einen Mehrwert – und der darf vergütet werden. Punkt.

Vermögen kann auch der verdiente Lohn für ein eingegangenes Risiko sein. Wenn du z. B. in Aktien investierst, obwohl der Markt gerade wackelt. Die meisten Menschen haben dafür nicht den Mut. Doch genau dieser Mut wird am Ende belohnt – nicht immer sofort, aber langfristig.

Was du dafür brauchst, ist kein geheimer Trick, sondern das richtige Mindset. Ich kann dich daher nur einladen: Probiere das Experiment mit dem Bargeld für dich aus. Beobachte, was es mit dir macht. Ich werde übrigens regelmäßig belächelt – unter anderem für eine weitere Angewohnheit: Seit 2018 gebe ich keine Fünf-Euro-Scheine mehr aus. Mein Ziel: Sie für immer zu behalten. Für viele ergibt das keinen Sinn. Die erste Frage ist fast immer: „Aber wofür sparst du denn?“ Und genau das ist der Punkt. Die meisten Menschen sparen nur, um später etwas zu kaufen. Doch so entsteht kein Vermögen.

Meine Fünf-Euro-Scheine sollen niemals wieder ausgegeben werden. Heute sind es über 1.200 Stück. Dieser Betrag ist nur ein kleiner Teil meines Vermögens – aber in meinem Kopf hat sich dadurch viel verändert. Ich habe verstanden: Um Vermögen aufzubauen, musst du lernen, Geld nicht sofort wieder auszugeben. Ein Teil deines Geldes sollte unangetastet bleiben. Nicht für Konsum, nicht für einen späteren Wunsch – sondern als bewusste Entscheidung für den langfristigen Aufbau.

Ich verspüre keinerlei Drang, das Geld anzutasten oder es „sinnvoller" zu verwenden. Es ist mein symbolischer Geldmagnet. Vielleicht ergibt das für dich keinen Sinn. Vielleicht aber inspiriert es dich, deinen eigenen Weg zu finden. Du musst keine Fünf-Euro-Scheine sammeln. Aber finde etwas, das dir hilft, die emotionale Distanz zu überwinden – und eine gesunde, wertschätzende Beziehung zu Geld aufzubauen.

Falls du dich fragst, wie ein großer Stapel Fünf-Euro-Scheine aussieht: Auf meinem *YouTube*-Kanal findest du ein Video dazu. Ich habe im Laufe der Jahre mehrere Updates gepostet – und vielleicht ist es an der Zeit für ein neues.

Checkliste

- ✔ Deine Einstellung zu Geld ist entscheidend für deinen Vermögensaufbau.
- ✔ Geld verdirbt nicht den Charakter – es verstärkt ihn lediglich.
- ✔ Wer Angst vor Geldverlust hat, sabotiert sich unbewusst selbst beim Vermögensaufbau.
- ✔ Trage 500 Euro bei dir, um deine eigene Haltung zu Geld zu hinterfragen und zu verändern.
- ✔ Achte auf deine spontanen Gedanken beim Umgang mit größeren Geldbeträgen – sie verraten dein inneres Verhältnis zu Geld.
- ✔ Angst vor dem Verlust kleiner Beträge steht oft sinnbildlich für tief verankertes Mangeldenken.
- ✔ Menschen mit negativem Geldmindset lehnen Reichtum häufig unbewusst ab, auch wenn sie ihn sich wünschen.
- ✔ Die Aussage „Ich will damit nicht reich werden“ zeigt oft eine innere Blockade gegenüber Wohlstand.
- ✔ Wer über Lottogewinne spricht, denkt häufig zuerst ans Ausgeben, nicht ans Investieren – ein typisches Zeichen für Konsumdenken.
- ✔ Vermögen entsteht durch das Lösen realer Probleme – orientiere dich daran, wie erfolgreiche Menschen dies tun.
- ✔ Habe keine Scheu, Geld anzunehmen, wenn du echten Mehrwert bietest.
- ✔ Vermögen ist oft der gerechte Lohn für eingegangenes Risiko, z. B. bei Aktien oder unternehmerischen Investitionen.

- ✔ Entwickle ein neues Verhältnis zu Geld durch konkrete Übungen, z. B. Bargeld sichtbar mitführen oder bestimmte Scheine bewusst nicht ausgeben.
- ✔ Die Fünf-Euro-Schein-Regel (Schein behalten, nie ausgeben) dient nicht dem Vermögensaufbau selbst, sondern der mentalen Umprogrammierung.
- ✔ Spare nicht auf einen konkreten Konsum hin, sondern mit dem Ziel, dauerhaft Vermögen aufzubauen.
- ✔ Ein Teil deines Geldes sollte unangetastet bleiben – das schafft Respekt und eine gesunde Distanz zum Konsum.
- ✔ Vermögensbildung beginnt im Kopf – ein neues Geldmindset ist der erste und wichtigste Schritt.

17

KAPITEL

Deine ersten Investments

Du hast nun verschiedene Möglichkeiten kennengelernt, deine finanzielle Situation zu verbessern – sei es durch Sparmaßnahmen oder durch eine Erhöhung deines Einkommens. Jetzt geht es darum, dein Geld für dich arbeiten zu lassen.

Meine ersten Schritte an der Börse waren, sagen wir mal, lehrreich. Ich begann mit Einzelaktien, machte anfangs einige Gewinne und verlor dann fast genauso schnell wieder Geld. Ich erinnere mich noch gut an eine deutsche Solaraktie, mit der ich mehrere 1.000 Euro Gewinn machte. Begeistert investierte ich das Geld direkt in eine kanadische Solaraktie – und auch hier lief es erst gut. Doch während eines Flugs nach New York schmierte die Aktie ab. Ich hatte keine Möglichkeit, sie zu verkaufen.

Lektion Nummer eins: Einzelaktien können hochprofitabel sein – aber auch extrem riskant.

Viele Anfänger glauben, dass Stop-Loss-Orders, also automatische Verkaufsaufträge, sie absichern. Aber auch die garantieren nicht, dass deine Aktie wirklich zum gewünschten Preis verkauft wird. Wenn die Kurse abrutschen, kann es sein, dass dein Verkauf erst bei einem viel schlechteren Preis erfolgt.

Deshalb würde ich dir am Anfang von Einzelaktien abraten. Auch wenn ich mittlerweile wieder vereinzelt in Aktien investiere, habe ich langfristig die besten Erfahrungen mit ETFs gemacht.

Warum ETFs der bessere Einstieg sind

ETF steht für Exchange Traded Fund – also ein börsengehandelter Fonds. Stell es dir wie eine Fußball-Bundesliga vor, aber mit Unternehmen.

Es gibt Organisationen, die berechnen, welche Unternehmen in einem Index gelistet sein müssen, basierend auf ihrer Marktkapitalisierung (also Aktienanzahl × Aktienkurs). Die größten Unternehmen eines Landes oder einer Branche steigen in den Index auf, schlechtere fliegen raus – genau wie bei Fußballvereinen.

Ein Beispiel ist der *DAX*, der die 40 größten deutschen Unternehmen umfasst. Sinkt oder steigt der Wert eines Unternehmens stark, kann es aus dem Index entfernt oder neu aufgenommen werden.

Aber: Ich selbst habe nie in den *DAX* investiert.

Ich habe mich immer mehr für den US-Markt interessiert, weil ich dort größere Chancen und weniger Abhängigkeit gesehen habe. Deutschland ist beispielsweise sehr abhängig vom Energiemarkt, während die USA einen breiteren Mix an großen, globalen Unternehmen bieten.

Die 70/30-Methode – und warum ich sie nicht nutze

Wenn du dich mit ETFs beschäftigst, wirst du oft von der 70/30-Methode hören. Sie besagt, dass man:

- 70 % seines Geldes in den *MSCI World* steckt, der die größten 1.600 Unternehmen der entwickelten Welt umfasst.
- 30 % in die Emerging Markets investiert, also in Unternehmen aus Schwellenländern wie China oder Indien.

Viele schwören auf diese Strategie, aber ich halte nichts davon.

Warum? Weil ich meine Investments lieber anders gewichte. Statt mich starr an eine Formel zu halten, setze ich auf Märkte, von denen ich überzeugt bin.

Eine gute Alternative habe ich z. B. im *NASDAQ 100* gesehen, der die 100 größten Tech-Unternehmen der USA enthält. Hier sind Firmen wie *Apple*, *Microsoft* und *Amazon* vertreten – also Unternehmen, die in den letzten Jahrzehnten massiv gewachsen sind. Ich verzichte lieber auf eine große Streuung und habe stattdessen eine höhere Renditechance bei etwas mehr Risiko. Doch dies ist nur meine Meinung, für die mich sicher viele kritisieren würden.

Meine Kinder investieren bereits

Ein spannender Punkt: Meine Kinder haben bereits eigene ETF-Sparpläne. Wir investieren das gesamte Kindergeld – also aktuell 255 Euro monatlich pro Kind – in einen ETF-Sparplan über ein Junior-Depot der *ING* (Stand 01.01.2025).

Warum? Weil ich möchte, dass sie früh lernen, wie man Geld für sich arbeiten lässt. Und weil sie so langfristig die besten Chancen auf Vermögensaufbau haben.

Wenn du selbst mit ETFs starten willst, schau dir einfach mal den *S&P 500* an. Das ist der Index mit den 500 größten US-Unternehmen. Der Vorteil: Du kannst ihn zu geringen Gebühren besparen – und das sogar schon ab einem Euro pro Monat.

Falls du ein Depot eröffnen möchtest, gibt es übrigens auch die Möglichkeit, sich von mir werben zu lassen und eine kleine Prämie zu kassieren. Ich habe dazu auch schon ein Video auf meinem *YouTube*-Kanal veröffentlicht.

Warum du nicht zu lange warten solltest

Bevor ich meine ersten Investments getätigt habe, habe ich mich fast ein Jahr lang informiert. Rückblickend hätte ich einfach sofort starten und danach erst justieren und mich informieren sollen. Natürlich ist es sinnvoll, sich Wissen anzueignen – aber die meisten Leute wollen es perfekt machen und machen am Ende gar nichts. Wenn ich eines gelernt habe, dann das: Unperfekt starten ist besser als perfekt zögern.

Es spielt auch keine Rolle, wie viel du am Anfang investierst. Viel wichtiger ist, dass du eine Gewohnheit daraus machst. Mit der Zeit wirst du sicherer und kannst deine Sparraten erhöhen. Das Ziel ist nicht, mit einem einzigen Sparplan Millionär zu werden, sondern das Prinzip zu verstehen und die ersten Schritte zu machen.

Checkliste

- ✔ Starte lieber mit ETFs statt Einzelaktien – sie sind deutlich risikoärmer.
- ✔ Verlasse dich nicht allein auf Stop-Loss-Orders – sie bieten keinen sicheren Schutz.
- ✔ Informiere dich über Indizes wie *S&P 500*, *NASDAQ 100* oder *MSCI World*.
- ✔ Wähle ETFs mit niedrigen Gebühren und breiter Streuung oder gezielter Ausrichtung.
- ✔ Entscheide dich bewusst gegen Standardmodelle wie die 70/30-Methode, wenn du eigene Präferenzen hast.
- ✔ Nutze Sparpläne – bereits ab einem Euro pro Monat möglich.
- ✔ Starte früh, auch mit kleinen Beträgen – wichtiger ist die Regelmäßigkeit.
- ✔ Eröffne ein günstiges Depot, z. B. bei einem Online-Broker.
- ✔ Lege Wert auf langfristiges Denken und bleibe auch bei Marktschwankungen ruhig.
- ✔ Nutze das Kindergeld oder kleine regelmäßige Beträge, um auch für deine Kinder zu investieren.
- ✔ Lass dich nicht von Perfektionismus aufhalten – unperfekt starten ist besser als perfekt zögern.
- ✔ Mach das Investieren zur Gewohnheit – und entwickle so eine stabile finanzielle Basis.

18

KAPITEL

Der Tropfen, der das Fass zum Überlaufen brachte

Dass ich mehr vom Leben wollte, war für mich immer klar. Doch es gab mehrere Situationen, die für große Veränderungen gesorgt haben. Einer meiner ersten Schritte in ein vermeintlich selbstbestimmteres Leben war der Start eines Online-Shops für Motocross-Zubehör.

Ich war jahrelang begeisterter Motocross-Fahrer und hatte die Idee, mein Hobby mit einem Geschäft zu verbinden. Der Plan war simpel: Ein zusätzliches Einkommen mit etwas aufbauen, das mir ohnehin Spaß machte. Anfangs lief alles aus meinem Wohnzimmer heraus. Kunden kamen zu mir nach Hause, probierten Kleidung an, während ich zwischen meiner privaten und geschäftlichen Welt kaum noch eine Grenze ziehen konnte. Es dauerte nicht lange, bis mich dieser Zustand nervte – also mietete ich ein Ladenlokal an. Und wie es der Zufall wollte, kam irgendwann noch eine Meisterwerkstatt dazu. Ich beschäftigte sogar mehrere Mitarbeiter und eine Auszubildende. Und das alles neben meinem Hauptjob.

Das Leben zwischen Job, Geschäft und Abendschule

Hauptberuflich arbeitete ich als Qualitätsingenieur – ohne Studienabschluss. Stattdessen hatte ich parallel zu meiner Ausbildung zum Werkzeugmechaniker die Abendschule besucht und einen Techniker in Mechatronik abgeschlossen. Mein Fachabitur in Metalltechnik zählte als abgeschlossene Berufsausbildung, sodass ich den Techniker schon während meiner Ausbildung starten konnte.

Mein Alltag war extrem stressig. Tagsüber die Arbeit als Ingenieur, danach der Shop und die Werkstatt. Und wenn der Tag vorbei war, warteten noch Buchhaltung, Kundenanfragen und andere organisatorische Aufgaben. Der Spaß blieb dabei schnell auf der Strecke. Das Verkaufen selbst hat mir zwar immer Freude bereitet, doch wie in jedem Geschäft gehören auch die weniger schönen Seiten dazu – z. B. unzufriedene Kunden.

Die Steuerpanne, die mich an meine Grenzen brachte

Doch der wahre Schock kam nicht durch schwierige Kunden oder lange Arbeitszeiten – sondern durch einen Fehler, den ich lange nicht erkannt hatte. Meine Steuerberaterin hatte über drei Jahre hinweg Bareinnahmen als Einlage gebucht, anstatt sie korrekt als Einnahmen zu verbuchen. Das führte dazu, dass meine Umsatz- und Einkommensteuer völlig falsch berechnet wurde.

Das Finanzamt hatte dann die Rückfrage, ob mein Einzelunternehmen und meine UG im Hinblick auf die Werkstatt eine umsatzsteuerliche Organschaft bilden. Leider hat meine Steuerberaterin weder auf das Schreiben noch auf mehrere Erinnerungsschreiben reagiert. In der Folge kam es zu einer Umsatzsteuersonderprüfung. Dabei wurde plötzlich alles offengelegt, was meine Steuerberaterin bzw. ihr Büro verbucht hatte. Es folgte eine hohe Nachzahlung – eine Summe, die mich ins Straucheln brachte. Ich musste auf einmal Steuern auf Gelder zahlen, die ich nie als Gewinn einkalkuliert hatte. Mir wurde schlecht. Wie konnte das passieren? Ich vertraute darauf, dass meine Buchhaltung und Steuerberatung alles im Griff hatten. Doch genau dieses blinde Vertrauen war mein Fehler. Rechtlich gesehen war alles korrekt, denn ich bin nun mal dazu verpflichtet, Umsatzsteuer auf meine Einnahmen abzuführen – unabhängig davon, was das Steuerbüro bucht. Ich musste lernen, dass es sich bei der Steuerberatung rechtlich nur um einen Dienstvertrag handelt. Ein konkreter Erfolg ist – wie es im Juristendeutsch heißt – nicht geschuldet. Man bezahlt also für die erbrachte Zeit oder den Aufwand, nicht zwangsläufig für ein korrektes Ergebnis.

Der Moment der Wahrheit: Verantwortung übernehmen

Es wäre leicht gewesen, meiner Steuerberaterin die alleinige Schuld zu geben. Natürlich war es ihr Versäumnis, diese fehlerhafte Buchung nicht zu korrigieren. Doch die eigentliche Verantwortung lag bei mir. Ich hätte mich selbst viel intensiver mit meinen Finanzen auseinandersetzen müssen. Ich hatte mich darauf verlassen, dass jemand anderes mein Geschäft durchblickt – dabei war es meine Pflicht, die Zahlen zu verstehen.

Seit diesem Tag habe ich mir eine eiserne Regel auferlegt: Ich kontrolliere meine Finanzen selbst. Ich lasse mir alles erklären, stelle Fragen und nehme nichts als gegeben hin. Denn am Ende bin ich es, der die Konsequenzen trägt.

Unternehmer statt Selbstständiger werden

Mir wurde bewusst, dass ich mich völlig im Klein-Klein verlor. Ich lief für eine Drei-Euro-Bestellung zum Briefkasten, um eine schlechte Bewertung zu vermeiden. Ich war mehr mit operativen Kleinigkeiten beschäftigt, als wirklich an meinem Geschäft zu arbeiten. Diese Einsicht führte mich auf den Weg der Persönlichkeitsentwicklung und des Verkaufs. Ich begann, Bücher zu lesen, Seminare zu besuchen und mich intensiv mit den Strategien erfolgreicher Unternehmer zu beschäftigen. Ich wollte nicht länger nur arbeiten, sondern ein System schaffen, das für mich arbeitet.

Der Wendepunkt

Die Erkenntnis, dass ich mich selbst in eine Falle manövriert hatte, ließ mich nicht mehr los. Ich hatte all meine Energie in ein Geschäft gesteckt, das mich mehr beschäftigte als ein normaler Job – und trotzdem war ich finanziell verwundbar. Ich dachte, ich sei Unternehmer, doch in Wahrheit war ich bloß ein Selbstständiger, der sich mit endlosen Aufgaben verzettelte. Ich musste umdenken. Ich musste lernen, wie man ein echtes Unternehmen aufbaut.

Der erste Schritt: Verkaufen lernen

Wenn ich etwas aus meiner Zeit mit dem Online-Shop mitgenommen hatte, dann, dass Verkaufen die wichtigste Fähigkeit ist, die man im Business braucht. Ich hatte immer Spaß daran gehabt, Produkte an den Mann zu bringen. Doch mir wurde bewusst, dass ich Verkauf bisher eher instinktiv betrieben hatte. Wenn ich wirklich erfolgreich werden wollte, musste ich es professionell lernen.

Ich begann, Bücher zu verschlingen – alles, was ich über Verkauf, Marketing und Unternehmertum in die Finger bekam. Ich hörte Podcasts an, schaute Videos, investierte in Seminare. Mir wurde klar, dass die erfolgreichsten Unternehmer keine besseren Produkte hatten als andere – sie wussten nur, wie man sie verkauft.

Warum ich mein Business hinter mir ließ

Je tiefer ich mich mit dem Thema beschäftigte, desto klarer wurde mir: Mein Online-Shop war eine Sackgasse. Ich hatte mir selbst einen Job geschaffen, der mich kaum weiterbrachte. Ich musste weg von dieser operativen Arbeit und hin zu einem skalierbaren Geschäftsmodell.

Dein persönlicher Stundensatz

Die meisten Menschen sind sich nicht bewusst, was ihre Zeit wirklich wert ist. Ein guter Anhaltspunkt dafür ist der eigene Stundenlohn im Job. Unabhängig davon, ob du gerade arbeitest oder freihast, kannst du einfach dein monatliches Einkommen durch die Anzahl deiner Arbeitsstunden teilen – und weißt sofort, wie viel du pro Stunde tatsächlich einnimmst. Du erkennst so, welchen Wert deine Zeit aktuell hat.

Ich durfte schnell lernen, wie sinnvoll es ist, Aufgaben auszulagern, die andere zu einem geringeren Stundensatz erledigen können, als man selbst. Konkret haben wir eine Reinigungskraft eingestellt. Nach mehreren Wechseln haben wir schließlich eine langfristige Lösung gefunden – die uns nicht nur Zeit spart, sondern auch zu einem besseren Ergebnis führt, als wenn ich die Arbeit selbst erledigen würde.

Und selbst wenn ich die gewonnene Zeit nicht nutze, um zusätzlich Geld zu verdienen, ist es dennoch enorm entlastend, sich um eine Sache weniger kümmern zu müssen. Ebenso habe ich gelernt, lieber das teurere Baumaterial direkt über die Handwerker zu beziehen, anstatt selbst in den Baumarkt zu fahren. Denn viele unterschätzen den Zeitaufwand für die Beschaffung – ganz zu schweigen von der Logistik, das Material zur Baustelle zu bringen.

Das nächste Kapitel beginnt

Ich hatte mein altes Business gedanklich losgelassen, aber mein Hunger nach Erfolg war größer denn je. Ich wollte finanzielle Freiheit – und diesmal nicht durch harte Arbeit allein, sondern durch ein klug aufgebautes System.

Meine Reise war noch lange nicht zu Ende.
Sie fing gerade erst an.

Checkliste

- ✔ Beginne dein Business nicht nur aus Leidenschaft, sondern auch mit strategischem Weitblick.
- ✔ Trenne frühzeitig zwischen Privatem und Geschäftlichem – räumlich und organisatorisch.
- ✔ Lass dich nicht im operativen Tagesgeschäft aufreiben – arbeite am Unternehmen, nicht im Unternehmen.
- ✔ Verlass dich nicht blind auf externe Dienstleister – kontrolliere deine Finanzen und Buchhaltung regelmäßig.
- ✔ Übernimm Verantwortung für Fehler – auch wenn sie auf den ersten Blick bei anderen liegen.
- ✔ Unterscheide zwischen Selbstständigkeit und Unternehmertum – baue Systeme statt Abhängigkeiten.
- ✔ Investiere in dich selbst: Persönlichkeitsentwicklung, Verkauf und Unternehmertum sind Schlüsselthemen.
- ✔ Setze auf skalierbare Geschäftsmodelle – schaffe dir keine neue „Arbeitsstelle".
- ✔ Erkenne frühzeitig, wenn du dich verrennst – und habe den Mut, das Kapitel zu beenden.
- ✔ Verkauf ist die wichtigste Fähigkeit im Unternehmertum – lerne sie professionell.
- ✔ Lerne aus Rückschlägen – sie sind oft der Startschuss für echte Veränderung.
- ✔ Kenne deinen persönlichen Stundenlohn und nutze deine Zeit sinnvoll.

19

KAPITEL

Du kannst nicht nicht verkaufen

Vielleicht erinnerst du dich noch an den Deutschunterricht. Damals haben wir gelernt, dass es nicht möglich ist, nicht zu kommunizieren. Selbst wenn du kein Wort sagst, kommunizierst du durch deine Körpersprache, deine Mimik, deine Haltung – selbst dein Schweigen sendet eine Botschaft.

Und genau so verhält es sich mit dem Verkaufen: Du kannst nicht nicht verkaufen. Dieser Satz bringt auf den Punkt, was viele nicht verstehen. Verkaufen ist kein isolierter Vorgang, bei dem ein Verkäufer versucht, einem Kunden ein Produkt oder eine Dienstleistung aufzuschwatzen. Verkaufen ist überall. Es ist das Fundament jeder menschlichen Interaktion.

Ich habe Maurice Bork bereits persönlich kennengelernt und bin auch seinem Netzwerk „Die wichtigste Stunde" beigetreten, um mich mit Gleichgesinnten auszutauschen und mein Netzwerk zu erweitern. Maurice teilt, genau wie ich, täglich wertvolle Einblicke auf *Instagram* – schau gerne mal vorbei. Sein Buch trägt den Titel „Du kannst nicht nicht verkaufen", und weil dieser Satz das Thema so treffend zusammenfasst, übernehme ich ihn einfach für dieses Kapitel. Aber lass dir gesagt sein: Es wird nicht reichen, nur dieses Kapitel zu lesen – du solltest dir Maurice' Buch besorgen und es selbst durcharbeiten.

Verkaufen ist allgegenwärtig

Das Wort „Verkaufen" oder „Verkäufer" hat für viele Menschen einen negativen Beigeschmack. Die meisten denken dabei an schmierige Versicherungsvertreter oder windige Autohändler, die einen über den Tisch ziehen wollen. Es gibt sogar den sarkastischen Spruch:

„Ein guter Verkäufer zieht dich so schnell über den Tisch, dass du die Reibungswärme als Nestwärme empfindest."

Doch wenn wir ehrlich sind, kaufen wir alle gerne. Wir genießen es, neue Dinge zu entdecken, die unser Leben bereichern. Was wir allerdings nicht mögen, ist das Gefühl, manipuliert oder gedrängt zu werden.

Aber Verkaufen ist viel mehr als nur der Verkauf eines Produkts. Wir verkaufen jeden Tag – unsere Ideen, unsere Meinung, unsere Überzeugungen.

Selbst meine Kinder sind Meister im Verkaufen. Morgens verkaufen sie mir die Idee, dass ein Eis genau das Richtige wäre, bevor der Kindergarten losgeht. Nach dem Kindergarten stellen sie fest, dass jetzt auch ein perfekter Zeitpunkt für ein Eis wäre. Und vor dem Schlafengehen natürlich auch.

Das Faszinierende: Sie nutzen dabei Verkaufsstrategien, für die manche Profis eine Schulung bräuchten. Sie argumentieren, passen ihre Strategie an meine Reaktion an, setzen auf Emotionen, geben nicht sofort auf – und das alles völlig instinktiv.

Verkaufen ist Überzeugen

Jeder erfolgreiche Mensch ist ein guter Verkäufer – ob bewusst oder unbewusst. Wenn du eine Gehaltserhöhung möchtest, musst du deinen Chef davon überzeugen, dass du sie verdient hast. Wenn du eine günstige Immobilie kaufen möchtest, musst du den Verkäufer dazu bringen, dir den Zuschlag zu geben. Wenn du eine Geschäftsidee hast, brauchst du Investoren, Partner oder Kunden, die an dich glauben.

Das bedeutet: Verkaufen ist nicht optional – es ist essenziell.

Und genau deshalb solltest du dich bewusst damit beschäftigen und deine Verkaufsfähigkeiten aktiv verbessern. Denn selbst wenn du kein eigenes Produkt hast, musst du jeden Tag andere Menschen von dir und deinen Ideen überzeugen. Je besser du darin wirst, desto erfolgreicher wirst du sein.

Die wichtigste Technik: Verstehe dein Gegenüber

Eine der wichtigsten Verkaufsfähigkeiten ist die Fähigkeit, den anderen zu verstehen. Egal, ob du ein Produkt verkaufst, eine Immobilie kaufst oder jemanden für eine Idee gewinnen willst – du wirst immer erfolgreicher sein, wenn du verstehst, was die andere Person wirklich will.

Schlechte Verkäufer reden nur über ihr Produkt. Sie präsentieren eine Lösung, ohne vorher überhaupt das Problem verstanden zu haben. Das führt dazu, dass sich der potenzielle Kunde nicht abgeholt fühlt – und am Ende nicht kauft.

Gute Verkäufer stellen zuerst Fragen. Sie machen eine Bedarfsanalyse – also eine Untersuchung, was die andere Person wirklich braucht.

Alex Fischer nennt das in seinem Buch „Reicher als die Geissens" den Kittelbrennfaktor. Der Begriff beschreibt bildlich, wo bei jemandem „der Kittel brennt" – also welches Problem ihn gerade wirklich beschäftigt.

Je besser du verstehst, was dein Gegenüber bewegt, desto leichter fällt es dir, eine Lösung anzubieten, die wirklich passt. Und genau das ist der Schlüssel zum erfolgreichen Verkaufen: Nicht manipulieren, sondern helfen.

Dein nächster Schritt

Dieses Buch allein wird dich nicht zum Verkaufsprofi machen. Theorie ist wichtig – aber nur die Praxis bringt dich weiter.

- Besorge dir das Buch „Du kannst nicht nicht verkaufen" von Maurice Bork und arbeite es durch. Mit einem Klick kommst du hier zum Buch:

Maurice Bork:

- Achte im Alltag darauf, wo überall Verkauf stattfindet. Beobachte Menschen in Gesprächen, in Verhandlungen, in Präsentationen.

- Trainiere bewusst deine Verkaufsfähigkeiten. Egal, ob du gerade aktiv etwas verkaufst oder nicht – du wirst immer wieder in Situationen kommen, in denen du andere von dir überzeugen musst.

Und wenn du das nächste Mal mit jemandem sprichst, denke daran: Auch du verkaufst gerade etwas – sei es deine Meinung, deine Idee oder einfach nur dich selbst.

Checkliste

- ✔ Verstehe: Verkaufen ist überall – in jeder Interaktion überzeugst du andere von deinen Ideen.
- ✔ Erkenne: Auch ohne Worte sendest du Signale – Körpersprache ist ein Teil des Verkaufs.
- ✔ Hinterfrage dein Bild vom Verkauf – es geht nicht um Manipulation, sondern um Überzeugung.
- ✔ Lerne von Kindern: Sie verkaufen mit Hartnäckigkeit, Argumenten und Emotionen – ganz instinktiv.
- ✔ Beobachte erfolgreiche Menschen – sie sind oft starke Verkäufer, ob bewusst oder unbewusst.
- ✔ Nutze den Kittelbrennfaktor: Finde heraus, wo dein Gegenüber wirklich „Bauchschmerzen" hat.
- ✔ Stelle Fragen statt zu reden – gute Verkäufer hören zuerst zu.
- ✔ Kenne dein Ziel: Nicht dein Produkt, sondern das Problem deines Gegenübers steht im Mittelpunkt.
- ✔ Lies das Buch „Du kannst nicht nicht verkaufen" von Maurice Bork – und arbeite es aktiv durch.
- ✔ Beobachte im Alltag Verkaufssituationen – z. B. bei Gesprächen, Verhandlungen oder Präsentationen.
- ✔ Übe aktiv deine Überzeugungskraft – in Gesprächen, Verhandlungen, Bewerbungssituationen oder im Alltag.

20

KAPITEL

Warum Immobilien der Gamechanger sind

Wenn du in Aktien, ETFs oder Gold investierst, gibt es eine einfache Regel: Das Geld dafür musst du selbst aufbringen. Vielleicht bekommst du etwas Unterstützung durch vermögenswirksame Leistungen oder staatliche Förderungen, aber der Großteil kommt aus deiner eigenen Tasche. Und um nach Steuern überhaupt 100 Euro investieren zu können, musst du je nach Steuersatz erst einmal 130 oder 150 Euro verdienen.

Bei Immobilien sieht das jedoch komplett anders aus – und genau das macht sie zum Gamechanger.

Das Besondere an Immobilien: Andere zahlen für dich

Immobilien sind die einzige Anlageklasse, bei der du nicht alleine für die Finanzierung aufkommen musst. Stattdessen gibt es gleich zwei „Geldgeber":

- Dein Mieter: Er zahlt dir die Miete, aus der du die Kreditrate begleichst.
- Das Finanzamt: Ja, richtig gelesen. Das Finanzamt hilft dir durch steuerliche Vorteile.

Viele Menschen sehen das Finanzamt als Gegner, weil sie hauptsächlich Steuern zahlen. Kein Wunder, wenn schon das *Elster*-Portal nach einem diebischen Vogel benannt ist. Doch als Immobilieninvestor ändert sich deine Perspektive. Das Steuerrecht ist nämlich so gestaltet, dass es Investitionen in Immobilien fördert. Warum? Weil der Staat will, dass gebaut und Wohnraum geschaffen wird.

Steuern als Vorteil nutzen

Wenn du eine Immobilie kaufst, kannst du den Gebäudeanteil abschreiben. Das bedeutet, dass du einen Teil des Kaufpreises als fiktive Ausgabe geltend machen kannst – ohne tatsächlich Geld auszugeben.

Ein Beispiel:

- Der Gebäudeanteil deiner Immobilie beträgt 80 % des Kaufpreises (nur ein Beispielwert, kann variieren).
- Von diesen 80 % darfst du 2 % pro Jahr abschreiben. Diese Abschreibung senkt dein zu versteuerndes Einkommen.

Zusätzlich kannst du alle Kosten, die mit der Vermietung zusammenhängen, steuerlich absetzen:

- Zinsen für deinen Kredit
- Renovierungskosten (unter bestimmten Bedingungen)
- Fahrtkosten zu deiner Immobilie
- sonstige Werbungskosten

Das führt dazu, dass du oft keine oder nur geringe Steuern auf deine Mieteinnahmen zahlst. Und in vielen Fällen bekommst du sogar eine Steuerrückzahlung, obwohl dein Kontostand gleichzeitig steigt.

Warum das Finanzamt nur einen Teil der Wahrheit sieht

Es gibt zwei Sichtweisen auf deine Immobilie:

- Die steuerliche Betrachtung: Hier werden Abschreibungen und Kosten berücksichtigt, sodass dein Gewinn auf dem Papier oft niedriger ausfällt.
- Die Cashflow-Betrachtung: Hier zählt, was tatsächlich auf deinem Konto landet – und das ist oft mehr, als das Finanzamt „sieht".

Das bedeutet: Du kannst steuerlich einen Verlust ausweisen, während dein Konto dennoch wächst. Das ist einer der größten Vorteile von Immobilien gegenüber Aktien oder ETFs.

Investiere klug – nicht verschwenderisch

Ein häufiger Fehler ist es, unnötige Ausgaben zu tätigen, nur um Steuern zu sparen. Das ist nicht der Sinn der Sache. Denn für jeden ausgegebenen Euro bekommst du maximal 45 Cent Steuern zurück – aber du hast trotzdem 55 Cent „verloren".

Viel klüger ist es, dort zu investieren, wo du den Wert deiner Immobilie steigerst. Beispielsweise durch:

- Energetische Sanierungen mit Fördermitteln
- Bessere Grundrissgestaltung für eine höhere Miete
- Modernisierung von Küche und Bad, um die Attraktivität zu erhöhen

Warum Immobilien unschlagbar sind

Jetzt verstehst du, warum Immobilien der ultimative Gamechanger sind:

- Andere zahlen für dein Investment (Mieter und Finanzamt).
- Steuerliche Vorteile senken deine Abgaben.
- Du kannst deine Einnahmen optimieren und gleichzeitig Steuern sparen.
- Du baust langfristig Vermögen auf, ohne alles selbst finanzieren zu müssen.

Vergleich das mal mit Aktien: Da musst du alles aus eigener Tasche zahlen und zusätzlich noch auf Kurssteigerungen hoffen. Immobilien hingegen arbeiten für dich – jeden Monat.

Und genau deshalb sind Immobilien die mit Abstand beste Anlageklasse, wenn du langfristig finanzielle Freiheit erreichen willst.

Checkliste

- ✔ Immobilien sind die einzige Anlageklasse, bei der andere für dich zahlen: Mieter und Finanzamt.
- ✔ Mieter finanzieren über die Miete deine Kreditrate.
- ✔ Das Finanzamt unterstützt dich durch steuerliche Vorteile wie Abschreibungen und Werbungskosten.
- ✔ Die Abschreibung des Gebäudeanteils senkt dein zu versteuerndes Einkommen.
- ✔ Auch Zinsen, Renovierungen, Fahrtkosten und weitere Ausgaben sind steuerlich absetzbar.
- ✔ Deine steuerliche Betrachtung kann negativ sein, während du real einen positiven Cashflow hast.
- ✔ Du kannst Steuerrückzahlungen erhalten, obwohl dein Kontostand steigt.
- ✔ Investiere nicht, um Steuern zu sparen, sondern um den Wert deiner Immobilie gezielt zu steigern.
- ✔ Setze auf sinnvolle Maßnahmen wie energetische Sanierungen, Grundrissoptimierung oder Modernisierung.
- ✔ Immobilien ermöglichen langfristigen Vermögensaufbau mit geringem Eigenanteil.
- ✔ Im Vergleich zu Aktien musst du bei Immobilien nicht alles selbst finanzieren – ein klarer Vorteil.

21

KAPITEL

Vor- und Nachteile von Immobilien

Dass Immobilien nicht nur Vorteile haben, kannst du dir sicherlich denken. Aber aus meiner Sicht überwiegen die Vorteile die Nachteile. Der Vollständigkeit halber möchte ich dir jedoch auch die Schattenseiten aufzeigen.

Die Nachteile von Immobilien

Immobilien sind immobil

Wie der Name schon sagt, kannst du eine Immobilie nicht bewegen. Sie ist an einen festen Standort gebunden. Wenn sich die politische oder wirtschaftliche Lage in einer Region verschlechtert oder das Viertel an Attraktivität verliert, kannst du das Gebäude nicht einfach nehmen und woanders hin umziehen. Diese Standortgebundenheit kann ein Risiko sein, wenn du nicht sorgfältig wählst, wo du kaufst.

Große Investitionen und hohe Fehlerkosten

Bei Immobilien geht es in der Regel um hohe Summen. Ein Fehlkauf kann dich schnell 1.000 oder gar 100.000 Euro kosten. Anders als an der Börse, wo du eine Aktie mit geringem Kapitaleinsatz kaufen kannst, sind Immobilien eine langfristige, kapitalintensive Investition. Doch mit der richtigen Prüfung kannst du die Risiken stark minimieren.

Managementaufwand

Immobilien sind kein passives Investment. Ein ETF-Depot ruft dich nicht am Samstagabend an, weil die Heizung ausgefallen ist oder ein Rohrbruch den Keller flutet. Ein Mieter kann das sehr wohl. Es gibt Mietausfälle, Reparaturen, Streitigkeiten mit Mietern oder Behörden – kurz gesagt, Immobilien erfordern Arbeit.

Doch genau hier liegt eine Chance: **Überall, wo es Probleme gibt, wartet Rendite auf dich.** Wer Probleme effizient löst, verdient Geld. Und wenn du diese Denkweise verinnerlichst, wirst du Immobilien mit anderen Augen sehen.

Die Vorteile von Immobilien

Individuelle Verhandlungen statt festgelegter Preise

An der Börse bekommst du für eine Aktie den gleichen Preis wie jeder andere. Bei Immobilien ist das anders: Es gibt kein festes Preisschild. Du kannst mit dem Verkäufer individuell verhandeln, Potenziale erkennen, die andere übersehen, und dir dadurch einen finanziellen Vorteil sichern.

Der Leverage-Effekt (Hebeleffekt)

Ein entscheidender Vorteil von Immobilien gegenüber anderen Anlageklassen ist die Möglichkeit, sie mit **Fremdkapital** zu kaufen.

- Kaufst du Aktien, musst du das Geld erst einmal verdienen, versteuern und dann investieren.
- Kaufst du eine Immobilie, kannst du das Geld einfach von der Bank leihen.

Mit etwas Geschick gelingt es dir sogar, die Kaufnebenkosten sowie Renovierungs- oder Sanierungskosten mitfinanzieren zu lassen. Das bedeutet: Im Idealfall setzt du keinen einzigen Euro deines wertvollen Eigenkapitals ein – und profitierst trotzdem von der Rendite.

Ist eine 110-Prozent-Finanzierung riskant? (Finanzierung inkl. Kaufnebenkosten)

Oft höre ich, dass es riskant sei, eine Immobilie vollständig über Fremdkapital zu finanzieren. Doch ist das wirklich so?

Beispiel 1: Keine Eigenkapitalbindung

Angenommen, du kaufst eine Immobilie ohne eigenes Geld einzusetzen. In einer Notsituation, wie einem Heizungsausfall, kannst du einfach eine neue Heizung kaufen, weil dein Konto gut gefüllt ist. Die Bank bekommt davon nichts mit, und du bist flexibel.

Beispiel 2: 80-Prozent-Finanzierung mit vollem Eigenkapitaleinsatz

Nun stell dir vor, du setzt dein gesamtes Eigenkapital für eine 80-Prozent-Finanzierung ein. Plötzlich geht die Heizung kaputt – aber du hast keine Rücklagen mehr. Du musst zur Bank gehen und um einen weiteren Kredit betteln. Was, wenn sie dir keinen gibt?

Welches Szenario klingt für dich riskanter?

Ich habe bisher nur gute Erfahrungen mit einer vollständigen Finanzierung gemacht. **Um genau zu sein, habe ich nie eigenes Geld investiert.** Ich habe immer mehr von der Bank geliehen, als die Immobilie gekostet hat – und damit Mieteinnahmen generiert, die meine Darlehensraten übersteigen.

Kein anderes Investment bietet mir diesen Skalierungseffekt.

Inflationsschutz und reale Werte

Immobilien sind Sachwerte. Während Geld durch Inflation an Wert verliert, steigen die Preise von Immobilien in der Regel langfristig. Du profitierst also nicht nur von den laufenden Mieteinnahmen, sondern auch von der Wertsteigerung deiner Objekte.

Steuerliche Vorteile

Während du auf Aktiengewinne 25 Prozent Abgeltungsteuer zahlst, kannst du bei Immobilien clever agieren:

- Zinsen für Kredite kannst du steuerlich absetzen.
- Abschreibungen senken deine Steuerlast.
- Verkaufst du eine Immobilie nach zehn Jahren, zahlst du keinen Cent Steuer auf den Gewinn.

Mein Ansatz

Ich kombiniere beide Anlageklassen:

- Ich investiere **monatlich in ETFs** – für Diversifikation und Liquidität.
- Ich kaufe **möglichst viele Immobilien**, die meine Fixkosten decken und langfristig Vermögen aufbauen.

Denn eines ist sicher: **Mit Immobilien baust du dir ein Einkommen auf, das unabhängig von deiner Arbeitskraft funktioniert.** Und das ist der Schlüssel zur finanziellen Freiheit.

Checkliste

Nachteile

- ✔ Immobilien sind standortgebunden – negative Entwicklungen in der Region können den Wert mindern.
- ✔ Hohe Investitionssummen – Fehlentscheidungen kosten schnell sehr viel Geld.
- ✔ Managementaufwand – Mietausfälle, Reparaturen und Verwaltungsaufgaben erfordern Zeit und Energie.

Vorteile

- ✔ Preise sind verhandelbar – du kannst durch kluge Verhandlungen echte Schnäppchen machen.
- ✔ Leverage-Effekt – du kannst Immobilien mit Bankkrediten finanzieren, oft sogar ohne Eigenkapital.
- ✔ 110-Prozent-Finanzierung kann flexibler sein als teilweiser Eigenkapitaleinsatz.
- ✔ Inflationsschutz – Immobilien sind Sachwerte, die ihren Wert langfristig steigern können.
- ✔ Steuerliche Vorteile – Zinsen und Abschreibungen senken deine Steuerlast, Gewinne nach zehn Jahren sind steuerfrei.
- ✔ Laufende Einnahmen durch Miete decken deine Fixkosten und ermöglichen langfristigen Vermögensaufbau.

Mein Tipp

Kombiniere Immobilien mit ETF-Investments – für Liquidität, Diversifikation und maximale finanzielle Stabilität.

22

KAPITEL

Immobilien und die romantische Phase

Fast alle angehenden Immobilieninvestoren durchlaufen die sogenannte romantische Phase. Sie hören zum ersten Mal von den unglaublichen Möglichkeiten, die das Investieren in Immobilien bietet, und sind sofort Feuer und Flamme für das Thema. In Gedanken haben sie bereits die erste Immobilie gekauft, die Mieteinnahmen fließen und der Weg zur finanziellen Freiheit scheint vorgezeichnet. Doch dann folgt für viele eine unsanfte Landung auf dem Boden der Tatsachen. Man könnte sagen: als Tiger gestartet und als Bettvorleger geendet.

Damit dir das nicht passiert, möchte ich dich mit jedem Kapitel besser auf deinen zukünftigen Weg vorbereiten. Denn eines kann ich dir versichern: Nichts, aber auch wirklich nichts wirst du geschenkt bekommen. Immobilieninvestments erfordern Zeit, Geduld und vor allem Durchhaltevermögen.

Die erste Euphorie und die Realität

Am Anfang ist alles aufregend. Du hast vielleicht ein Buch oder einen Online-Kurs zum Thema Immobilieninvestments verschlungen oder bist durch erfolgreiche Investoren auf Social Media inspiriert worden. Plötzlich erkennst du überall potenzielle Deals, sprichst mit Maklern, durchsuchst Immobilienportale und rechnest Renditen aus. Die Vorstellung, mit einem einzigen cleveren Kauf finanziell unabhängig zu werden, ist verlockend.

Doch dann kommt die Realität:

- Banken wollen Sicherheiten, bevor sie dir Geld leihen.
- Die meisten Makler nehmen dich nicht ernst, wenn du noch keine Immobilie besitzt.
- Die richtig guten Deals werden oft unter der Hand vergeben.
- Handwerker sind schwer zu finden und teuer.
- Es gibt zahlreiche gesetzliche Vorschriften und steuerliche Aspekte, die beachtet werden müssen.

Die größte Hürde ist jedoch häufig die Finanzierung. Viele angehende Investoren scheitern bereits daran, einen Kredit für ihre erste Immobilie zu bekommen – und das nicht unbedingt, weil sie sich das Objekt nicht leisten könnten, sondern weil sie nicht wissen, wie sie es der Bank richtig verkaufen.

Der Kampf um die erste Finanzierung

Ich erinnere mich noch genau an meine erste Finanzierung. Ich hatte ein Objekt gefunden, das in meine Strategie passte, und war überzeugt, dass es ein guter Deal war. Doch als ich bei den Banken anfragte, hagelte es Absagen. Ich wurde oft mit Standardsätzen wie „Wir finanzieren keine Kaufnebenkosten" oder „Das Objekt ist nicht werthaltig genug" abgewiesen.

Nach zehn Versuchen hätte ich beinahe aufgegeben. Doch dann passierte etwas Interessantes: Am Ende finanzierte es doch die erste Bank, die mich zuvor abgelehnt hatte. Der Unterschied? Ich hatte einen anderen Ansprechpartner.

Das zeigt, wie wichtig es ist, nicht sofort aufzugeben. Banken sind Unternehmen, die ihr Geld damit verdienen, Geld zu verleihen. Wenn sie dir kein Geld geben, liegt es nicht zwingend daran, dass dein Investment schlecht ist, sondern, dass dein Ansprechpartner es nicht versteht oder zu risikoscheu ist. Du darfst also nicht als Bittsteller auftreten, wenn du mit der Bank sprichst. Vielmehr musst du es verstehen, der Bank dein gefundenes Objekt als eine attraktive Gelegenheit zu verkaufen. Dein Ziel muss sein, dass die Bank es als Privileg ansieht, ihr Geld bei dir anlegen zu dürfen.

Vom Bittsteller zum Geschäftspartner

Hier sind einige Tipps, wie du deine Chancen auf eine erfolgreiche Finanzierung deutlich erhöhst:

- **Verstehe die Sprache der Banken:** Banken denken nicht in Emotionen, sondern in Zahlen und Sicherheiten. Wenn du mit einem Bankberater sprichst, musst du dein Investment aus seiner Perspektive präsentieren:

    - Wie hoch ist das Risiko für die Bank?
    - Wie sicher sind die Mieteinnahmen?
    - Welche Sicherheiten kannst du bieten?
    - Wie sieht dein langfristiger Plan aus?

- **Bereite dich professionell vor:** Komme niemals unvorbereitet in ein Finanzierungsgespräch. Du solltest eine detaillierte Präsentation über dein Objekt mitbringen, inklusive:
    - Lageanalyse
    - Mietspiegel
    - Vergleichsobjekte
    - Renditeberechnung
    - Worst-Case-Szenario

  Je besser du vorbereitet bist, desto überzeugender wirkst du.
- **Sprich mit mehreren Banken:** Verlasse dich nicht auf die Aussage einer einzigen Bank. Manchmal ist es nur eine Frage des richtigen Ansprechpartners oder der aktuellen Kreditvergaberichtlinien der Bank.
- **Bleibe hartnäckig:** Die meisten Einsteiger scheitern nicht, weil sie nicht das Potenzial hätten, sondern weil sie zu früh aufgeben. Wenn dir eine Bank absagt, dann frage nach den genauen Gründen, lerne daraus und verbessere dein Konzept für die nächste Bank.
- **Verstehe den Wert des Netzwerks:** Kontakte in der Immobilienbranche sind unbezahlbar. Ein guter Tipp von einem erfahrenen Investor oder eine Empfehlung für einen bankfreundlichen Finanzierungsberater kann oft den entscheidenden Unterschied machen.

Der Moment der Erkenntnis

Früher oder später kommt der Punkt, an dem du realisierst, dass Immobilieninvestments nicht nur aus Kaufverträgen und Mieteinnahmen bestehen, sondern dass es ein komplexes Geschäft ist. Die romantische Phase weicht dann der Erkenntnis, dass Immobilieninvestments harte Arbeit sind – aber eben auch eine der wenigen Möglichkeiten, mit fremdem Geld langfristig Vermögen aufzubauen.

Das Wichtigste ist, dass du durchhältst. Der erste Deal ist immer der schwierigste, doch sobald du ihn erfolgreich abgeschlossen hast, öffnen sich viele Türen. Banken sehen dich nicht mehr als Neuling, Makler nehmen dich ernster, und du bekommst ein Gefühl dafür, wie du zukünftig noch bessere Deals machst.

Also sei dir bewusst: Es wird nicht immer einfach sein. Aber wenn du es richtig angehst, lohnt sich der Weg. Und wenn du jetzt noch in der romantischen Phase bist, genieße sie – denn bald beginnt das echte Immobiliengeschäft.

Checkliste

- ✔ Erkenne die typische romantische Phase: Begeisterung und Euphorie sind normal, aber auch Vorsicht ist geboten.
- ✔ Bereite dich mental auf Rückschläge vor: Immobilieninvestments erfordern Zeit, Geduld und Durchhaltevermögen.
- ✔ Informiere dich umfassend: Lies Bücher, besuche Kurse und lerne von erfahrenen Investoren, aber verlasse dich nicht nur auf Inspiration.
- ✔ Verstehe die Anforderungen der Banken: Sicherheiten sind wichtig, und die Bank will dein Investment als risikoarm sehen.
- ✔ Erkenne, dass gute Deals oft nicht offen auf dem Markt sind – sei bereit zu recherchieren und Netzwerke zu nutzen.
- ✔ Plane Finanzierungsgespräche professionell: Erstelle eine Präsentation mit Lageanalyse, Mietspiegel, Vergleichsobjekten, Renditeberechnung und Worst-Case-Szenario.
- ✔ Sprich mit mehreren Banken: Finde den richtigen Ansprechpartner, der dein Konzept versteht und unterstützt.
- ✔ Bleibe hartnäckig: Lerne aus Absagen, verbessere dein Konzept und gib nicht zu früh auf.
- ✔ Präsentiere dich gegenüber Banken als Geschäftspartner, nicht als Bittsteller – verkaufe dein Investment überzeugend.
- ✔ Nutze dein Netzwerk: Empfehlungen und Kontakte in der Branche sind Gold wert und können dir Türen öffnen.
- ✔ Akzeptiere die Realität: Immobilieninvestments sind komplex und harte Arbeit, aber bieten langfristig die Chance auf Vermögensaufbau mit Fremdkapital.

- ✔ Habe Geduld beim ersten Deal – danach wird vieles leichter und du wirst ernster genommen.
- ✔ Genieße die anfängliche Euphorie, aber bereite dich auf den realistischen Weg vor.

23

KAPITEL

Der Pawlowsche Hund

Mit Sicherheit hast du im Schulunterricht schon einmal vom Pawlowschen Hund gehört. Das berühmte Experiment zur klassischen Konditionierung hat Iwan Pawlow sogar den Nobelpreis eingebracht. Dabei stellte er fest, dass man bei einem Hund den Speichelfluss allein durch ein Geräusch auslösen kann, wenn man es oft genug mit der Fütterung verknüpft. Nach einiger Zeit begann der Hund bereits zu sabbern, sobald er das Geräusch hörte – selbst wenn gar kein Futter in Sicht war.

So weit, so gut. Doch was hat das mit Immobilien zu tun? Ganz einfach: Auch wir Menschen werden im Laufe unseres Lebens konditioniert – sowohl positiv als auch negativ.

Ein einfaches Beispiel: Wenn du Schokolade isst, weißt du schon vorher, dass dich ein süßer, angenehmer Geschmack erwartet. Dein Gehirn hat über die Jahre gelernt, Schokolade mit Genuss zu verknüpfen. Das Gegenteil passiert, wenn jemand die Hand hebt, um dich zu schlagen. Auch hier reagierst du automatisch – vermutlich zuckst du zurück oder schützt dich. Dein Gehirn verbindet diese Bewegung mit einer schmerzhaften Erfahrung.

Die fehlende Konditionierung bei Immobilieninvestoren

Wenn du in Immobilien investieren möchtest, fehlt dir diese Konditionierung jedoch noch. Und das ist auch der Grund, warum es vielen Anfängern schwerfällt, am Ball zu bleiben. Denn im Gegensatz zum Pawlowschen Hund gibt es zu Beginn kaum Belohnungen.

Ganz im Gegenteil: Die meisten Einsteiger sammeln erst einmal überwiegend negative Erfahrungen.

- Sie finden auf den üblichen Online-Portalen nur überteuerte Objekte.
- Ihre Kaufpreisangebote werden abgelehnt.
- Makler nehmen sie nicht ernst oder reagieren gar nicht auf Anfragen.

- Banken lehnen die Finanzierung ab, weil angeblich zu wenig Eigenkapital vorhanden ist.

Das kann frustrierend sein – und für viele ist hier schon Schluss. Sie geben auf, bevor sie überhaupt die Chance hatten, echte Erfolge zu sehen.

Warum? Weil ihnen die positive Verstärkung fehlt. Beim Hund lief es anders: Er bekam das Futter direkt nach dem Geräusch. Die Belohnung folgte sofort. Bei Immobilien funktioniert das nicht so einfach. Hier ist die Feedbackschleife oft stark verzögert. Deshalb musst du dich selbstbewusst auf Erfolg programmieren.

Du musst verstehen, dass die negativen Erfahrungen anfangs normal sind – sie gehören einfach zum Spiel. Und du musst die Gewissheit haben, dass irgendwann die ersten positiven Ergebnisse kommen werden.

Die Macht der großen Zahlen

Der Schlüssel liegt in der Wiederholung und in der Masse. Wenn du nach einer Immobilie suchst, solltest du dich nicht darauf versteifen, dass gleich das erste oder zweite Objekt dein großer Wurf wird. Stattdessen solltest du mit der Einstellung herangehen, mindestens 100 Besichtigungen durchzuführen. Ich selbst habe vermutlich nicht einmal 100 Besichtigungen gemacht, aber genau mit diesem Mindset bin ich gestartet.

Warum? Weil es um Wahrscheinlichkeiten geht. Stell dir vor, du hast einen riesigen Trichter, in den du oben möglichst viele Möglichkeiten hineingibst. Wenn du lange genug suchst, wird unten früher oder später ein Deal herauskommen, der perfekt für dich ist. Jeder Fehlgriff bringt dich also statistisch gesehen einen Schritt näher zum Erfolg.

Je größer dein Filter am Anfang, desto schneller wirst du etwas Passendes finden. Viele Anfänger machen den Fehler, ihre Suche zu stark einzuschränken:

- „Ich will nur Mehrfamilienhäuser."
- „Es muss in genau dieser Stadt sein."
- „Ich kaufe nur, wenn die Rendite mindestens X % beträgt."

Natürlich sind Kriterien wichtig, aber sie sollten am Anfang nicht zu eng gefasst sein. Wenn du deinen Filter zu klein setzt, schränkst du deine Chancen unnötig ein. Doch das Beste sind hier falsch inserierte Objekte, die du mit einem zu eng gesetzten Filter niemals gefunden hättest.

Verlieb dich in Zahlen, nicht in Immobilien

Ein weiterer typischer Anfängerfehler ist, sich emotional an eine bestimmte Immobilie zu binden.

Viele hoffen auf den „einen Trick", um einen bestimmten Verkäufer von sich zu überzeugen. Doch Immobilien sind ein Spiel der Wahrscheinlichkeiten.

- Manche Verkäufer sind verhandlungsbereit, andere nicht.
- Manche Banken finanzieren dein Vorhaben, andere nicht.
- Manche Objekte machen wirtschaftlich Sinn, andere nicht.

Du kannst die Wahrscheinlichkeit erhöhen, gute Deals zu bekommen – aber du wirst nie jeden Deal bekommen.

Deshalb solltest du dich nicht emotional auf ein einzelnes Objekt versteifen. Stattdessen gilt die Regel: **Verlieb dich immer in zwei Objekte, nicht in eins.**

Warum? Weil es dir hilft, nicht in eine schlechte Entscheidung gedrängt zu werden. Viele kaufen ein Objekt aus Angst, sonst leer auszugehen – das nennt man FOMO („Fear of Missing Out" – die Angst, etwas zu verpassen).

Doch wenn du immer zwei oder mehr Objekte gleichzeitig prüfst, hast du eine Alternative und kannst rational entscheiden. Und im besten Fall kaufst du am Ende einfach beide.

Checkliste

- ✔ Erkenne, dass negative Erfahrungen am Anfang normal und Teil des Lernprozesses sind.
- ✔ Entwickle ein Mindset, das dich auf langfristigen Erfolg konditioniert.
- ✔ Sei dir bewusst, dass Immobilieninvestments keine sofortige Belohnung bieten, sondern Geduld erfordern.
- ✔ Mache mindestens 100 Immobilienbesichtigungen, um deine Chancen zu erhöhen.
- ✔ Setze zu Beginn einen möglichst breiten Suchfilter, um keine Chancen zu verpassen.
- ✔ Vermeide emotionale Bindungen an einzelne Objekte.
- ✔ Prüfe immer mehrere Immobilien parallel, um rational entscheiden zu können.
- ✔ Akzeptiere, dass es im Immobiliengeschäft Wahrscheinlichkeiten und keine Garantien gibt.
- ✔ Nutze Rückschläge als Lernchance und bleibe dran, auch wenn es frustrierend ist.
- ✔ Verstehe, dass Wiederholung und Ausdauer entscheidend für deinen Erfolg sind.

24

KAPITEL

Die für dich passende Immobilie

Ich ernte immer wieder verwunderte Blicke, wenn ich erzähle, dass mein erstes Objekt direkt ein Mehrfamilienhaus war. Viele gehen davon aus, dass man als Einsteiger mit einer kleinen Eigentumswohnung beginnt – doch dieser Gedanke kam mir damals gar nicht. Ich suchte ergebnisoffen nach meiner ersten Immobilie, und als ich ein Mehrfamilienhaus fand, das nach einer kurzen Kalkulation sofort Cashflow-positiv war, habe ich nicht lange überlegt und gehandelt.

Doch diese Entscheidung muss nicht zwangsläufig die richtige für dich sein. Also stellt sich die Frage: **Was ist besser – eine Eigentumswohnung oder ein Mehrfamilienhaus?** Die perfekte Antwort darauf gibt es nicht, denn sie hängt von deiner Persönlichkeit, deinen Zielen und deiner Risikobereitschaft ab.

Eigentumswohnungen: Vorteile und Nachteile

Der wohl größte Vorteil einer Eigentumswohnung ist, dass man mit einem vergleichsweise kleinen Startkapital einsteigen kann. Die Hürde für den ersten Kauf ist also geringer. Zudem gibt es eine Hausverwaltung, die sich um viele Dinge kümmert: die Abrechnung der Betriebskosten, die Instandhaltung des Gemeinschaftseigentums und die Organisation von Reparaturen. Doch genau hier liegt für mich auch der größte Nachteil.

Ich habe noch keine Hausverwaltung kennengelernt, die meinen Ansprüchen genügt. Es muss oft mehrfach nachgehakt werden, bevor etwas passiert, und viele Verwaltungen haben den Ruf, langsam und ineffizient zu arbeiten. Natürlich gibt es Ausnahmen, aber meine Erfahrung hat mir gezeigt, dass Eigentümer sich oft über ihre Verwaltungen ärgern.

Und dann gibt es noch die Eigentümerversammlungen. Falls du noch nie auf einer warst, kann ich dir sagen: Ein Kindergarten ist nichts dagegen. Nein, eigentlich ist es noch schlimmer.

Stundenlange Diskussionen über die Farbe der Balkongeländer, Kleinkriege zwischen Eigentümern, endlose Debatten über Reparaturen – ich habe alles schon erlebt. Und selbst wenn du eine sinnvolle Maßnahme durchsetzen möchtest, kannst du überstimmt werden.

Und denke bitte nicht, dass sich die Hausverwaltung wirklich um alles kümmert. Du musst dich selbst um neue Mieter kümmern – es sei denn, du hast eine Sondereigentumsverwaltung damit beauftragt. Auch die Betriebskostenabrechnung musst du auf Basis der Abrechnung der Hausverwaltung selbst gegenüber deinem Mieter erstellen. Das ist zwar keine riesige Aufgabe, aber eben auch nichts, das sich komplett von selbst erledigt.

Natürlich kannst du all diese Themen auch auslagern – gegen entsprechendes Entgelt. Wichtig ist nur, dass du verstehst: Eine Hausverwaltung ist keine eierlegende Wollmilchsau.

Im Alltag kann es dann so laufen, dass dein Mieter sich bei der Hausverwaltung meldet – und die Verwaltung das Anliegen einfach eins zu eins an dich weitergibt, mit der Bitte um Entscheidung. Du kannst deiner Hausverwaltung zwar eine Vollmacht erteilen, kleinere Aufträge selbstständig zu vergeben, etwa bis zu einem gewissen Betrag. Doch auch das hat seine Tücken: Schnell wird für jede Kleinigkeit ein Handwerker beauftragt und du hast am Ende hohe Kosten für Dinge, die du selbst mit einem kurzen Anruf günstiger hättest regeln können.

In Einzelfällen kann es sogar vorkommen, dass die Verwaltung bevorzugt mit eigenen Partnerfirmen zusammenarbeitet – ob aus Bequemlichkeit oder weil es intern für sie vorteilhaft ist. Das muss nicht immer schlecht sein, sollte dir aber bewusst sein. Du kaufst Dienstleistungen also immer zum Marktpreis ein, da die Verwaltung den Handwerker bestimmt. Du hast kaum eine Chance, hier Einfluss zu nehmen.

Ein gesundes Maß an Misstrauen ist hier also hilfreich – aber mach dich nicht verrückt. Es geht nur darum, dass du die Abläufe verstehst und lernst, mit den richtigen Fragen und klaren Vereinbarungen die Kontrolle zu behalten. Als Besitzer eines Mehrfamilienhauses hast du diese Probleme nicht, weil du allein entscheidest. Doch genau das kann für manche auch ein Nachteil sein.

Mehrfamilienhäuser: Vorteile und Nachteile

Bei einem Mehrfamilienhaus hast du die volle Kontrolle. Keine Diskussionen mit anderen Eigentümern, keine Abstimmungen – du entscheidest allein über Sanierungen und Instandhaltungen. Allerdings trägst du auch die volle Verantwortung.

- Du musst selbst Rücklagen bilden und wirtschaftlich sinnvoll einsetzen.
- Du musst dich um Handwerker kümmern oder eine eigene Verwaltung beauftragen.
- Du bist derjenige, der alle Risiken trägt – Leerstand, Reparaturen, Mietausfälle.

Doch genau das sehe ich als Vorteil. Denn wenn du nicht komplett auf den Kopf gefallen bist, wirst du in der Regel bessere Entscheidungen treffen als eine Hausverwaltung, die einfach nur ihre Standard-Handwerker beauftragt und dir die Rechnung präsentiert.

Es ist wie immer eine Typfrage: **Bist du eher der passive Typ, der möglichst wenig Aufwand haben möchte?** Dann könnte eine Eigentumswohnung für dich besser geeignet sein. **Bist du jemand, der lieber selbst entscheidet und wirtschaftlich optimiert?** Dann sind Mehrfamilienhäuser eine spannende Option.

Für mich war die Entscheidung klar: **Ich fokussiere mich auf Mehrfamilienhäuser.** Eigentumswohnungen kaufe ich nur, wenn sie wirklich extrem günstig sind und sich die Zahlen trotz aller Nachteile lohnen.

Das Thema Klumpenrisiko

Ein weiteres Argument, das oft gegen Mehrfamilienhäuser genannt wird, ist das sogenannte Klumpenrisiko. Die Theorie besagt, dass man mit Eigentumswohnungen leichter diversifizieren kann, weil man sie in verschiedenen Städten oder Lagen kaufen kann, während man mit einem Mehrfamilienhaus sein gesamtes Kapital auf ein einziges Objekt konzentriert. Ich sehe das nicht als Problem. Denn wenn du deine **Due Diligence**, also deine Ankaufsprüfung, gewissenhaft machst, dann kaufst du keine Klumpenrisiken – sondern **Klumpenchancen**. Die Tatsache, dass alle Einheiten in einem Haus sind, kann auch ein Vorteil sein: Du hast einen besseren Überblick, weniger unterschiedliche Ansprechpartner und kannst die Entwicklung des Objekts gezielt steuern. Aber jeder muss diesen Punkt für sich selbst bewerten.

Es gibt noch weitere Möglichkeiten, von Mieteinnahmen zu profitieren – **auch ohne eine eigene Immobilie zu besitzen.**

Ein Beispiel ist das **Rent-to-Rent-Modell**. Dabei mietest du eine Wohnung an und vermietest sie anschließend gewinnbringend weiter. Das kann z. B. in Form einer Ferienvermietung über *Airbnb* oder *Booking.com* geschehen. Deine Zielgruppe wären hier Touristen oder Geschäftsreisende.

Allerdings gibt es dabei viele rechtliche und steuerliche Aspekte zu beachten, die den Rahmen dieses Buches sprengen würden. Trotzdem solltest du wissen, dass es diese Möglichkeit gibt. Ebenso gibt es regionale Besonderheiten wie eine Zweckentfremdungssatzung. Hier darf Wohnraum nicht oder nur stark eingeschränkt für die kurzzeitige Vermietung genutzt werden. Was aber in der Regel immer funktioniert: Die Nutzung von Gewerbeflächen – denn Hotels sind grundsätzlich auch überall erlaubt.

Eine weitere Variante ist die **Vermietung von WGs.** Hier kannst du beispielsweise eine 3,5-Zimmer-Wohnung anmieten und die einzelnen Zimmer an Studenten oder Berufseinsteiger vermieten. Der Clou: Die Gesamteinnahmen aus den einzelnen Zimmern können oft deutlich über der regulären Miete liegen, die du an den Eigentümer zahlst.

Das bedeutet, du erzielst eine **Marge**, ohne dass du eine eigene Immobilie kaufen musst. Und da du nur eine Mietkaution und gegebenenfalls Möbel finanzieren musst, kannst du mit sehr wenig Kapital starten.

Natürlich kannst du dieses Prinzip auch mit deiner eigenen Immobilie umsetzen, um die Rendite zu maximieren. Doch wenn du eine Wohnung nur anmietest, kannst du schneller skalieren, weil du nicht jedes Mal eine Bank überzeugen musst.

Welche Immobilie die richtige für dich ist, hängt von deinem persönlichen Stil und deinen finanziellen Zielen ab.

- Wenn du wenig Verantwortung möchtest und ein kleineres Budget hast, könnte eine Eigentumswohnung eine gute Wahl sein.
- Wenn du die volle Kontrolle haben willst und wirtschaftlich optimieren möchtest, ist ein Mehrfamilienhaus die spannendere Option.
- Wenn du ohne viel Kapital starten möchtest, gibt es Alternativen wie Rent-to-Rent oder WG-Vermietung.

Wichtig ist vor allem, dass du nicht versuchst, „die eine richtige Antwort" zu finden. Es gibt viele Wege, mit Immobilien erfolgreich zu werden. Der Schlüssel liegt darin, den Weg zu wählen, der am besten zu dir passt – und dann einfach loszulegen.

Checkliste

- ✔ Eigentumswohnungen sind mit geringerem Startkapital möglich und bieten Hausverwaltungsservice, haben aber oft ineffiziente Verwaltung und Konflikte in Eigentümerversammlungen.
- ✔ Bei Eigentumswohnungen musst du dich selbst um Mietersuche und Betriebskostenabrechnung kümmern, wenn keine Sondereigentumsverwaltung beauftragt ist.
- ✔ Hausverwaltungen können bevorzugt mit bestimmten Handwerkern arbeiten, was Kosten und Qualität beeinflusst.
- ✔ Mehrfamilienhäuser bieten volle Kontrolle und Entscheidungsmacht, aber auch volle Verantwortung für Verwaltung, Reparaturen und Risiken.
- ✔ Deine Persönlichkeit und Risikobereitschaft bestimmen, ob du lieber die passive Eigentumswohnung oder das aktive Mehrfamilienhaus managen möchtest.
- ✔ Klumpenrisiko bei Mehrfamilienhäusern ist kein Nachteil, wenn die Ankaufsprüfung sorgfältig erfolgt – es kann sogar Vorteile bei Übersicht und Steuerung geben.
- ✔ Alternativen zum Kauf sind Rent-to-Rent-Modelle und WG-Vermietung, die mit wenig Kapital starten lassen, aber rechtliche Besonderheiten erfordern.
- ✔ Erfolgreich wirst du, wenn du den Immobilienweg wählst, der zu deinen Zielen und deinem Stil passt und konsequent dranbleibst.
- ✔ Es gibt nicht die eine richtige Immobilie, sondern viele Möglichkeiten, um dein Ziel zu erreichen.

25

KAPITEL

Garageninvestments

Eine weitere Möglichkeit, mit Immobilien Mieteinnahmen zu erzielen, sind Garagen, Lagerhallen oder Stellplätze. Viele unterschätzen dieses Investment, dabei kann es äußerst lukrativ sein – insbesondere, weil hier eine völlig andere Gesetzeslage gilt als bei Wohnraum.

Der größte Vorteil? Du hast weniger Stress mit Mietern.

Wenn dein Mieter nicht zahlt, kannst du ihn deutlich einfacher aus dem Mietverhältnis entfernen als bei einer Wohnung. Mieterschutzgesetze gelten hier nicht im selben Maße, sodass eine Kündigung oder eine Räumung deutlich unkomplizierter sind. Während du bei Wohnraum monatelang auf eine Zwangsräumung warten müsstest, reicht es bei einer Lagerhalle oder Garage oft, einfach das Schloss auszutauschen.

Auch das Vermieterpfandrecht lässt sich hier viel leichter durchsetzen. Falls dein Mieter also seine Garagenmiete nicht bezahlt, kannst du die Gegenstände in der Garage theoretisch verwerten, um deine Forderungen zu decken – etwas, das bei Wohnraum praktisch unmöglich ist.

Geringe Instandhaltungskosten und starke Nachfrage

Ein weiterer Vorteil ist die extrem geringe Instandhaltung.

- Bei Wohnungen hast du mit Reparaturen, Modernisierungen und potenziellen Schäden durch Mieter zu kämpfen.
- Bei Garagen oder Stellplätzen gibt es kaum etwas, was kaputtgehen kann.

Selbst wenn du an einen Messie-Mieter gerätst, ist das kein Drama: Garage ausräumen, durchfegen – und schon ist sie wieder vermietbar.

Die Nachfrage nach Garagen ist zudem hoch. Viele Menschen suchen nach Unterstellmöglichkeiten für ihr Auto, ihr Motorrad oder andere Wertgegenstände. Besonders in Städten oder dicht bebauten Wohngebieten gibt es oft zu wenige Parkplätze, was

Garagen begehrter denn je macht. Und das Beste: Mieter ziehen selten aus. Wer einmal eine Garage hat, gibt sie oft jahrelang nicht wieder her.

Die Nachteile: Finanzierung und steuerliche Besonderheiten

Natürlich hat das Ganze nicht nur Vorteile.

Finanzierung durch Banken

Während Banken Wohnimmobilien gerne finanzieren, sieht das bei Gewerbeimmobilien – und dazu zählen Garagen, Lagerhallen oder Parkplätze – oft anders aus.

- Einzelne Garagen oder kleine Pakete werden von Banken oft nicht ernst genommen.
- Du musst ein größeres Volumen anfragen, damit die Bank überhaupt Interesse zeigt.
- Falls die Bank dein Investment nicht als vollwertige Immobilie ansieht, kann es passieren, dass sie dir stattdessen einen Konsumentenkredit anbietet – was aus Sicht der *SCHUFA* ungünstiger ist als ein Immobilienkredit.

Das bedeutet: Wenn du in Garagen investieren möchtest, solltest du nach Möglichkeit mehrere auf einmal kaufen, um ein bankfähiges Investment daraus zu machen.

Umsatzsteuerpflicht

Ein weiterer Punkt, den viele nicht auf dem Schirm haben: Garagenvermietung ist grundsätzlich umsatzsteuerpflichtig.

Das bedeutet, dass du auf die Mieteinnahmen die aktuell gültigen 19 Prozent Umsatzsteuer aufschlagen musst – es sei denn, du kannst eine Ausnahme nutzen:

- Wenn du als Kleinunternehmer agierst (bis 25.000 Euro Umsatz im Jahr), kannst du von der Umsatzsteuerpflicht befreit werden.
- Vermietest du an Unternehmer, die selbst vorsteuerabzugsberechtigt sind, spielt die Umsatzsteuer keine Rolle, da sie für sie nur ein durchlaufender Posten ist.
- Wenn du die Garage zusammen mit einer Wohnung vermietest, entfällt die Umsatzsteuerpflicht, da die Garage dann als „Nebenleistung" gilt. Die Nebenleistung folgt umsatzsteuerlich der Hauptleistung. Da auf Wohnraum keine Umsatzsteuer anfällt, ist auch die zugehörige Garage umsatzsteuerfrei.

Das Problem ist, dass viele private Vermieter sich nicht an die Umsatzsteuerpflicht halten – oft, weil sie es nicht wissen. Das kann dazu führen, dass du deine Garage wegen der zusätzlichen Steuer teurer anbieten musst als deine Konkurrenz, die sich einfach nicht um die Regeln kümmert.

Fazit: Lohnt sich das Investment?

Garagen und Lagerhallen sind eine großartige Möglichkeit, Einkünfte mit wenig Verwaltungsaufwand zu generieren.

- Wenig Stress mit Mietern
- Geringe Instandhaltungskosten
- Hohe Nachfrage und langfristige Mieter

Aber: Banken sind bei der Finanzierung zurückhaltend, und die Umsatzsteuerpflicht kann ein Hindernis sein.

Wenn du in diese Assetklasse investieren möchtest, solltest du dich mit den steuerlichen Rahmenbedingungen vertraut machen und idealerweise mehrere Garagen oder Hallen auf einmal kaufen, um sie bankfähig zu machen.

Denn genau wie bei Mehrfamilienhäusern gilt: Je größer das Investment, desto interessanter wird es für Banken – und desto besser kannst du die Rendite optimieren.

Checkliste

- ✔ Garagen, Lagerhallen und Stellplätze sind lukrative Immobilieninvestments mit weniger Mieterstress.
- ✔ Mieterschutzgesetze greifen hier deutlich schwächer, Kündigung und Räumung sind einfacher und schneller möglich.
- ✔ Vermieterpfandrecht lässt sich leichter durchsetzen, Gegenstände in der Garage können zur Forderungsdeckung verwertet werden.
- ✔ Sehr geringe Instandhaltungskosten, kaum Reparaturen oder Schäden durch Mieter.
- ✔ Hohe Nachfrage, besonders in Städten und dicht bebauten Gebieten, Mieter bleiben meist langfristig.
- ✔ Banken finanzieren Garagen oft nur bei größeren Volumen, Einzelgaragen werden häufig nicht als vollwertige Immobilien betrachtet.
- ✔ Bei fehlender Bankfinanzierung droht manchmal ein teurerer Konsumentenkredit mit tendenziell negativen *SCHUFA*-Auswirkungen.
- ✔ Garagenvermietung ist in der Regel umsatzsteuerpflichtig (19 Prozent).
- ✔ Ausnahme: Kleinunternehmerregelung bis 25.000 Euro Umsatz im Jahr.
- ✔ Bei gemeinsamer Vermietung von Garage und Wohnung entfällt die Umsatzsteuerpflicht (Garage als Nebenleistung).
- ✔ Viele private Vermieter ignorieren die Umsatzsteuerpflicht – dadurch entstehen Wettbewerbsnachteil oder rechtliche Risiken.

- ✔ Für bankfähiges Investment am besten mehrere Garagen oder Lagerhallen bündeln und gemeinsam kaufen.
- ✔ Größeres Investment erhöht die Attraktivität für Banken und verbessert Renditechancen.

26

KAPITEL

Das Henne-oder-Ei-Problem

Was war zuerst da – die Henne oder das Ei? Diese klassische Frage hast du sicher schon mal gehört. Im Immobilienbereich gibt es ein ganz ähnliches Dilemma: Braucht man zuerst eine Finanzierungszusage, um ein Objekt zu bekommen, oder erst ein Objekt, um eine Finanzierung zu erhalten?

Denn hier liegt das Problem:

- Ohne eine Bankzusage ist es schwierig, eine Immobilie zu kaufen, weil Makler und Verkäufer gerne eine Finanzierungsbestätigung sehen wollen.
- Ohne ein konkretes Objekt hat man aber oft Schwierigkeiten, von der Bank eine klare Zusage zu bekommen.

Das ist die klassische Zwickmühle, in der sich viele angehende Immobilienkäufer befinden. Doch keine Sorge – es gibt einen einfachen Trick, wie du dieses Problem für dich lösen kannst.

Warum ist eine Finanzierungsbestätigung so wichtig?

Makler und Verkäufer haben in der Regel viele Anfragen für ein gutes Objekt. Um sicherzugehen, dass sie keinen unnötigen Aufwand mit Besichtigungen haben, bevorzugen sie Interessenten, die ihre Finanzierung bereits gesichert haben.

- Eine Finanzierungsbestätigung zeigt, dass du seriös und zahlungskräftig bist.
- Sie gibt dir einen Vorteil gegenüber anderen Käufern, die vielleicht erst noch ihre Finanzen klären müssen.
- In manchen Fällen kannst du dir sogar einen besseren Preis sichern, wenn du eine schnelle und sichere Abwicklung garantieren kannst.

Und das ist das Problem: Banken stellen sich oft quer, wenn man „einfach mal wissen möchte, was möglich ist“.

Warum sind Banken oft zurückhaltend?

Die meisten Banker haben wenig Lust auf unverbindliche Beratungsgespräche. Sie haben ihre eigenen Umsatzziele und wollen konkrete Abschlüsse erzielen. Einfach nur mal schauen, was möglich wäre? Darauf lassen sich viele ungern ein.

Natürlich ist es grundsätzlich sinnvoll, seine Bonität und finanziellen Möglichkeiten zu kennen, bevor man eine Immobilie sucht. Doch meine Erfahrung zeigt, dass Banken viel lieber mit einem konkreten Objekt rechnen. Ohne Objekt gibt es oft nur vage Aussagen – oder gar keine.

Der einfache Trick: Nimm ein Beispielobjekt

Wähle ein Objekt aus, unabhängig davon, ob du es wirklich kaufst oder nicht.

- Es sollte vom Preis und Volumen her in den Rahmen passen, den du dir vorstellen kannst.
- Nimm ein reales Angebot aus einem Immobilienportal, das deinen Suchkriterien grob entspricht.
- Mit diesem Beispielobjekt gehst du zur Bank und besprichst eine Finanzierung.

So hat der Banker eine konkrete Grundlage, mit der er rechnen kann. Ob du dieses Objekt dann am Ende wirklich kaufst oder nicht, spielt keine Rolle. Aber du bekommst eine Aussage, ob die Bank dich in dieser Größenordnung finanzieren würde. Und das Wichtigste: Du gehst mit einer Finanzierungsbestätigung zur nächsten Besichtigung.

Das gibt dir nicht nur einen Vorteil gegenüber anderen Interessenten, sondern auch ein gutes Gefühl, dass die Bank mitspielt. Und gerade letzteres ist entscheidend. Denn wenn ich ehrlich sein darf, ist eine Finanzierungsbestätigung das Papier nicht wert, auf dem sie geschrieben ist. Die Bank prüft immer erst die Unterlagen vom Objekt, bevor sie dir einen unterschriftsreifen Darlehensvertrag aushändigt.

Klärung der Rahmenbedingungen mit der Bank

Sobald du mit deiner Bank sprichst, solltest du ein paar wichtige Punkte abklären:

- In welchem Rahmen kann die Bank dich finanzieren?
- Wie sieht die maximale Kreditsumme aus?
- Welche Art von Immobilien wird bevorzugt finanziert? (Wohnungen, Mehrfamilienhäuser, Gewerbe etc.)
- Welche Eigenkapitalquote wird erwartet?
- Welche Tilgungs- und Zinssätze sind realistisch?

Ein Beispiel: Hast du eine Finanzierungsbestätigung für ein Mehrfamilienhaus mit einem Kaufpreis von einer Million, dann wird die Bank in der Regel ohne Probleme auch eine Wohnung für 100.000 Euro finanzieren.

Andersherum wird es schwieriger. Wenn du eine Finanzierungszusage für eine einzelne Wohnung hast, bedeutet das nicht automatisch, dass die Bank auch ein größeres Objekt finanzieren würde.

Ein weiteres Beispiel: Gewerbeimmobilien werden oft anders bewertet als Wohnimmobilien. Falls dein Wunschobjekt also teilweise gewerblich genutzt wird, solltest du das vorher mit der Bank besprechen.

Wann lohnt sich eine Finanzierung überhaupt?

Natürlich setzt das alles voraus, dass dein Immobiliendeal sich rechnet.

- Es ist nicht zwingend notwendig, dass das Objekt direkt nach dem Kauf Cashflow-positiv ist.
- Es kann sein, dass es Leerstand gibt oder Entwicklungspotenzial besteht.
- Mittelfristig muss das Investment aber Sinn ergeben.

Ich achte kaum auf Renditekennzahlen oder Faktoren.

Viel wichtiger ist für mich:

- Zustand der Immobilie
- Kaufpreis pro Quadratmeter

Denn wenn du die Gegend kennst, weißt du, welche Miete nachhaltig erzielbar ist. Der Zustand gibt dir eine Vorstellung davon, welche Investitionen notwendig sind. Das macht es möglich, viel schneller eine fundierte Kaufentscheidung zu treffen, als wenn man sich nur an Renditeberechnungen orientiert.

Kennzahlen:
Was du wissen solltest

Auch wenn ich nicht primär nach Kennzahlen gehe, solltest du zumindest verstehen, was sie bedeuten:

- Kaufpreisfaktor = Verhältnis zwischen Kaufpreis und Jahresmiete (x-fache Jahresmiete)
- Rendite = Kehrwert des Kaufpreisfaktors (1/Faktor)

Beispiel:

- Faktor 10 entspricht einer Rendite von 10 %. Das sind 100.000 Euro Jahresmiete bei einem Kaufpreis von einer Million Euro.

Aber Vorsicht: Diese Kennzahlen berücksichtigen keine weiteren Faktoren, wie:

- Zustand der Immobilie
- Entwicklungspotenzial
- Leerstand
- Ob die aktuelle Miete marktgerecht ist oder nicht

Daher ist es viel sinnvoller, sich an realen Marktpreisen pro Quadratmeter zu orientieren und mit Erfahrung ein Gefühl dafür zu entwickeln, welche Immobilien ein gutes Preis-Leistungs-Verhältnis haben.

Checkliste

- ✔ Wähle ein Beispielobjekt aus, das preislich und vom Volumen her in deinen Rahmen passt.
- ✔ Nutze ein reales Angebot aus einem Immobilienportal, das grob deinen Suchkriterien entspricht.
- ✔ Gehe mit diesem Beispielobjekt zur Bank und bitte um eine Finanzierungszusage.
- ✔ Kläre mit der Bank wichtige Rahmenbedingungen: maximale Kreditsumme, Eigenkapitalquote, bevorzugte Immobilienarten, Tilgungs- und Zinssätze.
- ✔ Nutze die Finanzierungsbestätigung, um einen Vorteil gegenüber anderen Interessenten zu haben.
- ✔ Verstehe grundlegende Kennzahlen wie Kaufpreisfaktor und Rendite, aber berücksichtige auch Zustand, Entwicklungspotenzial und Leerstand der Immobilie.
- ✔ Orientiere dich bei der Bewertung an realen Marktpreisen pro Quadratmeter und deinem Gefühl für ein gutes Preis-Leistungs-Verhältnis.

27

KAPITEL

Die richtige Standortwahl

Ein entscheidender Faktor beim Investieren in Immobilien ist die Wahl des richtigen Standorts. Doch mit dem Mythos, es gebe den einen perfekten Standort, möchte ich direkt aufräumen. Wenn es diesen wirklich gäbe, würden alle Investoren ausschließlich dort investieren – tun sie aber nicht. Der Grund: Man kann nahezu an jedem Standort Geld verdienen, wenn der Kaufpreis stimmt.

Vielleicht hast du auch schon den bekannten Satz gehört, die drei wichtigsten Kriterien beim Immobilienkauf seien: *Lage, Lage, Lage*. Für mich ist das nicht ganz zutreffend. Denn was du im Nachhinein **nicht** mehr verändern kannst, ist der **Kaufpreis**. Eine Immobilie lässt sich optimieren, aufwerten, entwickeln – und mit einer entsprechenden Objektanzahl kannst du sogar Einfluss auf das Umfeld nehmen. Aber was du einmal gezahlt hast, bleibt bestehen. Deshalb sind für mich die drei wichtigsten Kriterien: **Kaufpreis, Kaufpreis, Kaufpreis.**

Für deinen Einstieg empfehle ich dir einen Standort, an dem du dich bereits gut auskennst – etwa deine Heimatstadt oder einen Ort, an dem du viel Zeit verbracht hast. Vielleicht hast du dort studiert, gearbeitet oder Familie und Freunde wohnen in der Nähe. Dieser lokale Wissensvorsprung hilft dir immens, denn damit erkennst du schnell, welche Straßen oder Hausnummern du meiden solltest – Informationen, die dir keine Tabelle oder Statistik liefern werden.

Leider sehe ich immer wieder, wie angehende Investoren sich Standorte rein aus Zahlenwerken und Rankings herauspicken, ohne jemals vor Ort gewesen zu sein. Das birgt enorme Risiken, denn No-Go-Areas lassen sich nicht anhand von *Excel*-Dateien erkennen. Gerade an unbekannten Orten kann es passieren, dass ein Haus auf der falschen Straßenseite steht – mit enormen Auswirkungen auf die Vermietbarkeit und Mietpreise.

Solltest du in einer Hochpreisregion wie München leben, ist das kein Grund zu kapitulieren. Schau dich einfach im Speckgürtel um. Orte mit guter Anbindung an den öffentlichen Nahverkehr sind häufig besonders für Pendler oder Studenten attraktiv. Oft lassen sich hier noch bezahlbare Immobilien finden – mit guten Chancen auf Nachfrage. Schau dir also einfach mal bei den S-Bahn-

Verbindungen an, welche Städte in der Umgebung in vertretbarer Zeit erreichbar sind.

Natürlich spielt auch die Entwicklung eines Standorts eine Rolle. Es lohnt sich, einen Blick auf die Zukunftsprognosen zu werfen. Ein Beispiel: Gelsenkirchen taucht in vielen Rankings regelmäßig auf den letzten Plätzen auf. Trotzdem kenne ich zahlreiche Investoren, die dort sehr erfolgreich sind. Mit der richtigen Strategie und einem angepassten Geschäftsmodell funktioniert das auch an Standorten mit schlechtem Image. Jedoch würde ich Orte wie Gelsenkirchen nicht für Einsteiger empfehlen.

Wichtig ist auch, dass du auf die Bedürfnisse deiner potenziellen Mieter achtest. Familien legen Wert auf nahegelegene Schulen, Kitas und Einkaufsmöglichkeiten. Rentner bevorzugen kurze Wege zur Apotheke oder zum Hausarzt. Es lohnt sich, die Infrastruktur im Umfeld genau unter die Lupe zu nehmen.

Nicht zu unterschätzen sind außerdem wirtschaftliche Risiken am Standort. Wenn der Großteil deiner Mieter beim selben Arbeitgeber beschäftigt ist und dieser den Standort schließt, kann das erhebliche Auswirkungen auf deine Mieteinnahmen haben. Gleichzeitig ergeben sich in solchen Situationen auch Chancen – etwa durch günstige Einkaufsmöglichkeiten.

Wenn du lokal investierst, profitierst du nicht nur von deiner Ortskenntnis, sondern kannst auch auf bestehende Netzwerke zurückgreifen. Freunde oder Bekannte können dir Handwerker empfehlen oder dich auf potenzielle Objekte hinweisen. Und wenn du außerhalb investierst, dann verbringe dort bewusst Zeit. Gehe in Cafés, Restaurants, sprich mit Anwohnern, frage sie, was sie an ihrem Stadtteil schätzen. Diese Gespräche sind Gold wert – nicht nur für dein Bauchgefühl, sondern manchmal auch für deinen nächsten Deal.

Checkliste

- ✔ Kaufpreis im Blick behalten: Der Kaufpreis ist das einzige Kriterium, das sich im Nachhinein nicht optimieren lässt.
- ✔ Standort mit Ortskenntnis wählen: Ideal: Heimatstadt oder Orte, mit denen du bereits persönliche Erfahrungen hast.
- ✔ Statistiken kritisch betrachten: Tabellen und Rankings sind nur ein Teil der Wahrheit. Lokale Besonderheiten erkennst du nur vor Ort.
- ✔ No-Go-Areas kennen: Straßen- oder sogar Hausnummern können über Erfolg oder Misserfolg entscheiden.
- ✔ Infrastruktur prüfen: Schulen, Kitas, Einkaufsmöglichkeiten, Ärzte & ÖPNV sind entscheidend je nach Zielgruppe.
- ✔ Zukunftsperspektiven analysieren: Wie sieht die wirtschaftliche Entwicklung der Region aus?
- ✔ Risiken durch Arbeitgeberdichte bewerten: Gibt es Klumpenrisiken, wenn viele Mieter beim gleichen Unternehmen arbeiten?
- ✔ Zeit am Standort verbringen: Umgebung erleben, Gespräche mit Einheimischen führen, Atmosphäre spüren.
- ✔ Lokales Netzwerk nutzen: Kontakte zu Handwerkern, Maklern und potenziellen Tippgebern aufbauen und pflegen.
- ✔ Flexible Strategie entwickeln: Auch schwache Standorte können mit der richtigen Strategie lukrativ sein.
- ✔ Besonders wichtig ist auch eine erste Einschätzung für deinen Standort. Hier kannst du dir verschiedene Kennzahlen anschauen und dir ein Bild machen:

Prognos.com:

28

KAPITEL

Wie du nun endlich durchstartest

Die Frage aller Fragen: Wie sollst du nun durchstarten? Es gibt dazu einen passenden Spruch, der gleichzeitig auch ein Buchtitel ist – von Dieter Lange: Sieger erkennt man am Start, Verlierer auch. Genau so solltest du es auch handhaben. Mach es nicht zu kompliziert und fang einfach an. Die nötigen Erfahrungen wirst du mit der Zeit sammeln. Und mach dir eines bewusst: Selbst mit mehr Erfahrung wirst du nie alles perfekt machen. Viel wichtiger ist es, überhaupt zu starten.

Ich bekomme regelmäßig eine Vielzahl an Fragen rund um das Thema Immobilien. Doch *eine* Antwort zieht sich bei mir wie ein roter Faden durch: Mach es nicht zu kompliziert. Mach es *einfach* – und *mach* es einfach. Starte unkompliziert und halte deine Herangehensweise so simpel wie möglich. Lieber unperfekt gestartet als perfekt gezögert.

Ich weiß, das klingt nach einem Kalenderspruch. Aber wie bei vielen dieser Sprüche steckt darin viel Wahres. Befasse dich also nicht tagelang damit, welches die perfekte *Meta*-Suchmaschine ist, sondern fang einfach an. Du kannst alles später noch optimieren.

Ich nutze gar keine *Meta*-Suchmaschine, weil ich meine Deals direkt über Makler oder Tippgeber erhalte. Für den Einstieg aber sind Tools wie *ImmoMetrica* oder *ThinkImmo* sehr hilfreich. Sie ermöglichen dir, verschiedene Portale gleichzeitig zu durchsuchen und dir Suchprofile anzulegen. Ich empfehle dir, den Filter anfangs so gering wie möglich zu halten – beschränke dich vielleicht nur auf deinen Umkreis und den gewünschten Objekttyp.

Zwangsversteigerungen kannst du in der Regel ausblenden – das würde ich dir zu Beginn auch empfehlen. Beobachte dann einfach, was auf dem Markt passiert. Schaue dennoch immer wieder mal selbst in die einschlägigen Immobilienportale, da es vorkommen kann, dass manche Angebote nicht von den Meta-Suchmaschinen erfasst werden.

Wenn dir später die Anzahl der Angebote zu viel wird, kannst du immer noch gezielter filtern. Ich habe festgestellt, dass sich die wahre Magie oft in falsch eingestellten Inseraten verbirgt – z. B. durch Tippfehler im Preis oder fehlerhafte Wohnflächenangaben.

Solche Angebote entgehen dir, wenn du zu stark filterst.

Nach dem ersten Überblick folgt bei vielen die Ernüchterung: Kein Objekt ist sofort Cashflow-positiv. Das heißt, die Mieteinnahmen reichen nicht aus, um die Kreditrate vollständig zu decken. An diesem Punkt werfen viele die Flinte ins Korn. Andere denken dann, sie bräuchten jetzt Off-Market-Deals – also Objekte, die gar nicht erst veröffentlicht werden. Doch der Weg dahin führt über den On-Market. Du musst erst einmal sichtbar und aktiv am Markt sein.

Daher ist einer der wichtigsten Schritte, dass du dir überlegst, was du eigentlich suchst: Eigentumswohnungen? Mehrfamilienhäuser? Welche Lage, wie viele Zimmer? Und wenn du dir noch nicht sicher bist, dann schau dir einfach erst mal ein paar Objekte an. Sammle Erfahrung. Du wirst schnell merken, womit du dich anfreunden kannst und womit nicht – aber bedenke: Der Wurm muss dem Fisch schmecken, nicht dem Angler. Du musst also nicht selbst in deiner Immobilie wohnen, sondern dein Mieter sollte sich wohlfühlen.

Ich erinnere mich gut an meine ersten Besichtigungen. Ich hatte keine Ahnung und fragte die Maklerin, was man denn bei solchen Terminen so fragt. Ihre Antworten haben mir schon beim zweiten Objekt enorm geholfen. Genau so lernst du: durchs Machen.

Natürlich kannst du dir auch Checklisten aus dem Internet holen. Aber sei vorsichtig: Wenn du mit der kompletten Checkliste bei der ersten Besichtigung auftauchst und penibel jeden Rollladengurt prüfst, machst du dich nicht gerade beliebt. Stell dir vor, du forderst schon vor der Besichtigung alle Unterlagen an – nur um dann festzustellen, dass die Dachgeschosswohnung Dachschrägen hat. Klingt übertrieben? Ist mir genau so passiert – allerdings als Verkäufer.

Deshalb: Sei unkompliziert, denke mit und übernehme Verantwortung. Stell nicht zu viele unnötige Fragen vorab – die klärst du besser im Nachgang. Unerfahren zu sein, ist nicht schlimm. Jeder hat mal angefangen. Und viele Makler sind es gewohnt, mit Anfängern zu arbeiten, da die meisten nicht mehr als eine Immobilie im Leben kaufen.

Du wirst mit der Zeit immer besser. Aber nur, wenn du rausgehst und machst. Vom Sofa aus wirst du keine Erfahrungen sammeln. Und auch keine Deals bekommen. Wenn du regelmäßig bei Besichtigungen auftauchst – idealerweise bei denselben Maklern – werden sie dich wiedererkennen. Und dann bekommst du auch mal Objekte angeboten, die gar nicht inseriert werden.

Wichtig ist: Du musst wissen, was du suchst. Nur so kann ein Makler dich auch gezielt ansprechen. Viele Einsteiger schreiben massenhaft Makler nach dem Motto an: „Ich bin neu, bitte schicken Sie Ihre besten Objekte an mich." Natürlich kannst du damit Glück haben. Wahrscheinlich ist das aber nicht.

Stattdessen: Fang mit den Portalen an. Schau dir an, was da ist. Und geh einfach mal zu einer Besichtigung – auch wenn der Preis zu hoch scheint. Preisverhandlungen kannst du auch später führen. Viele Makler wollen ohnehin erst einmal, dass man das Objekt gesehen hat, bevor es um Zahlen geht. Und bitte: Sei immer respektvoll im Umgang mit Maklern. Sie investieren Zeit – genau wie du. Zeig ihnen, dass du kein Spaß-Besichtiger bist, sondern echtes Interesse hast. Das kommt gut an.

Gerade Einsteiger wollen oft vorab alle Unterlagen sehen. Verständlich – aber nicht hilfreich. Viele Makler schicken die Unterlagen erst nach der Besichtigung. Das ist völlig legitim. Kaum jemand möchte seine Verkaufsunterlagen einfach so ins Netz stellen. Auch das solltest du respektieren.

Andere Makler wiederum schicken direkt alle Unterlagen mit dem Exposé, damit es keine Überraschungen gibt. Jeder tickt da anders, und du solltest dich auf dein Gegenüber einstellen.

Was mir wichtig ist: das Verkaufsmotiv. Wenn es dem Verkäufer ums schnelle Geld geht, kannst du mit Geschwindigkeit und Zuverlässigkeit punkten. Und wenn du dann auch noch dein Wort hältst, bleibst du positiv in Erinnerung. Genau das ist im Geschäft entscheidend.

Wenn du herausfindest, dass ein Verkäufer den maximalen Preis herausschlagen will – kein Problem. Dann ist das Objekt vielleicht nichts für dich. Es gibt aber immer wieder Verkäufer, die lieber heute als morgen verkaufen wollen. Und dann kommst du ins Spiel.

Finde heraus, was das eigentliche Problem des Verkäufers ist – und löse es. Ich habe nie den höchsten Preis geboten, aber immer versucht, die Probleme der anderen Seite zu lösen. Sei es mit der Räumung von alten Möbeln oder durch unkomplizierte Kommunikation. Ich hatte z. B. einen Verkäufer, der stark stotterte und lieber per *WhatsApp* kommunizierte. Dazu kam eine Scheidung – alles lief nur noch über Anwälte. Ich bin drangeblieben. Und am Ende hat es sich gelohnt.

Du wirst lernen, solche Situationen zu erkennen. Und dann nutzt du sie für dich und hilfst deinem Gegenüber gleichzeitig. Denn oft ist den Verkäufern etwas anderes wichtiger als der Betrag, der letztlich auf ihrem Konto landet.

Doch bevor ich es vergesse, ein wichtiger Hinweis – der Ablauf mag für viele selbstverständlich sein, doch gerade Einsteiger stolpern oft über diesen Punkt. Wenn du einen Makler über ein Immobilienportal kontaktierst, hast du in der Regel die Möglichkeit, eine Nachricht zu verfassen. Natürlich solltest du diese Möglichkeit auch nutzen, um dein Interesse zu bekunden, dich vorzustellen oder erste Fragen zu stellen.

Was jedoch viele nicht wissen: In den meisten Fällen liest der Makler diesen Text gar nicht, sondern du bekommst automatisiert ein Exposé zugeschickt – über eine Maklersoftware, die sofort auf deine Anfrage reagiert.

Um dieses Exposé einsehen zu können, musst du häufig mehrere Dinge bestätigen. Und genau an dieser Stelle werden viele misstrauisch. Du bestätigst hier, dass der Makler im Erfolgsfall seine Provision erhält. Das ist jedoch völlig normal und rechtlich unbedenklich. Du zahlst die Provision selbstverständlich nur dann, wenn du das Objekt auch wirklich kaufst. Die Bestätigung dient lediglich dazu, dass dir das Exposé vor Ablauf der gesetzlichen Widerrufsfrist zur Verfügung gestellt werden darf. Denn theoretisch könntest du sonst das Exposé anfordern, das Objekt kaufen – und vorher noch vom Maklervertrag zurücktreten. Das würde dem Makler im schlimmsten Fall die Provision kosten.

Daher ist diese Absicherung für den Makler absolut nachvollziehbar. Wenn du also an diesem Punkt bereits erste Bedenken oder Sorge hast, „in etwas hineingezogen zu werden", solltest du dir gut überlegen, ob das Thema Immobilien wirklich das Richtige für dich ist. Denn Vertrauen, klare Kommunikation und ein gewisses Maß an Risikobereitschaft gehören hier von Anfang an dazu.

Checkliste

- ✔ Nicht zu lange planen, sondern einfach loslegen.
- ✔ Starte mit geringen Filtern in Meta-Suchmaschinen.
- ✔ Achte auf falsch inserierte Angebote – hier verstecken sich Chancen.
- ✔ Lass dich nicht von fehlendem Cashflow im Exposé entmutigen, wenn der Rest passt.
- ✔ Sei bei Besichtigungen präsent, freundlich und vorbereitet.
- ✔ Baue Beziehungen zu Maklern auf – persönliche Kontakte bringen Off-Market-Deals.
- ✔ Mach dir klar, welche Objekte du suchst.
- ✔ Besichtige auch teure Objekte – verhandelt wird später.
- ✔ Verhalte dich wie ein Traumpartner: unkompliziert, zuverlässig, lösungsorientiert.
- ✔ Finde das wahre Problem des Verkäufers und biete Lösungen.
- ✔ Lerne durch Erfahrung – nicht vom Sofa aus.

29 KAPITEL

Wie du Maklers Liebling wirst

Du hast dich nun hoffentlich bereits mit Immobilienportalen, *Meta*-Suchmaschinen und auch mit alternativen Kanälen wie *Kleinanzeigen* auseinandergesetzt. All das ist wichtig, um in die Immobilienwelt einzutauchen. Doch es gibt einen weiteren, oft unterschätzten Erfolgsfaktor, der dir auf lange Sicht besonders wertvolle Deals bescheren kann: eine gute Beziehung zu Immobilienmaklern.

Denn Makler sind in den meisten Fällen die erste Anlaufstelle, wenn ein Objekt auf den Markt kommt – und oft auch dann, wenn es nicht offiziell inseriert wird. Je besser deine Verbindung zu einem Makler ist, desto wahrscheinlicher wirst du als Erster informiert – lange bevor ein Objekt in einem Portal auftaucht. Aber wie wird man „Maklers Liebling"?

Kein Erfolg ohne Einsatz

Eines vorweg: Vom Sofa aus wirst du keine wertvollen Beziehungen aufbauen. Du musst rausgehen, dich zeigen, Besichtigungen wahrnehmen und dich dort als seriöser und unkomplizierter Interessent präsentieren. Du bleibst nicht positiv in Erinnerung, wenn du bei jeder Kleinigkeit ein Fass aufmachst, zu viele Fragen stellst, übermäßig viele Unterlagen anforderst oder dich in endlosen Diskussionen verlierst.

Natürlich ist es dein gutes Recht, als Käufer kritisch zu sein – immerhin geht es um viel Geld. Doch in der Praxis wirst du mehr erreichen, wenn du pragmatisch, verbindlich und lösungsorientiert auftrittst. Am Ende zählt, dass du Immobilien kaufst und damit Vermögen aufbaust – nicht, dass du Recht behältst.

Warum gerade faule Makler dein Vorteil sind

Faulheit ist in der Branche weitverbreitet – und genau das kannst du nutzen. Viele Makler haben keine Lust, ein vollständiges Exposé zu erstellen oder relevante Daten bereitzustellen. Das schreckt viele potenzielle Käufer ab. Wenn du jedoch bereit bist, die Lücken selbst zu füllen, wird dich diese Nachlässigkeit nicht stören – im Gegenteil: Sie filtert automatisch deine Konkurrenz aus. Wenn du dich auskennst, erkennst du allein an der Adresse, ob ein Objekt Potenzial hat. Du weißt, welche Miete realistisch ist, und du kannst fehlende Informationen durch Annahmen ersetzen. Ich selbst erstelle für meine Bank grundsätzlich ein eigenes, detaillierteres Exposé. Was ich vom Makler bekomme, dient mir lediglich als Ausgangspunkt.

Beziehungen aufbauen, statt nur Zahlen zu vergleichen

Ein entscheidender Erfolgsfaktor: Menschlichkeit. Zeige echtes Interesse am Menschen hinter dem Deal. Finde z. B. heraus, ob dein Makler Fußballfan ist – vielleicht teilt ihr sogar eine Lieblingsmannschaft. Oder lade ihn bei Gelegenheit auf ein gemeinsames Essen ein. Das mag aufwändig erscheinen, doch wenn du dadurch auch nur einen Deal bekommst, der dir sonst entgangen wäre, hat es sich bereits gelohnt.

Verbindlichkeit ist König

Sei verbindlich. Steh zu deinem Wort. Und wenn du ein Angebot zurückziehen oder anpassen musst, dann erkläre es offen und freundlich – auch wenn du nicht der Verursacher bist. Diese Haltung wird dir langfristig Vertrauen und Respekt einbringen.

Ich mache meine Kaufpreisangebote immer unter Vorbehalt der Nachprüfung – und das kommuniziere ich klar. Mit zunehmender Erfahrung wirst du jedoch oft schon bei der ersten Besichtigung wissen, ob du kaufen willst – und entsprechend entscheiden.

Professionell, aber pragmatisch

Bei mir reicht in der Regel eine Besichtigung. Die Lage und Unterlagen prüfe ich vorab, die Details vor Ort. Ich muss nicht jeden Rollladengurt begutachten und jede Klospülung testen – stattdessen kalkuliere ich ein gewisses Restrisiko bewusst mit ein. Das macht mich für Makler berechenbar und angenehm. Das bedeutet natürlich nicht, dass du Risiken ignorieren solltest. Wenn du unsicher bist, nimm einen Sachverständigen mit – aber erst, wenn es ernst wird, nicht bei der ersten Besichtigung. Ein paar 100 Euro für eine fachliche Einschätzung können dich vor teuren Fehlern bewahren.

Präsenz zeigen – auch nach dem Deal

Ein erfolgreich abgeschlossener Deal ist der perfekte Anlass, um dich erneut positiv in Erinnerung zu rufen. Eine handgeschriebene Karte, ein kleines Dankeschön oder einfach ein persönliches Gespräch reichen oft schon aus, um eine Beziehung zu festigen. Das gilt nicht nur für Makler – auch Notare, Handwerker, Architekten oder Bankberater solltest du als langfristige Partner sehen.

Mir haben Makler schon bei Besichtigungen oder nach einer Beurkundung die nächsten Objekte vorab angeboten, weil sie mich als zuverlässigen Geschäftspartner wahrgenommen haben.

Versuche, der Mensch zu werden, an den deine Geschäftspartner zuerst denken, wenn es um Immobilien geht.

Checkliste

- ✔ Besuche regelmäßig Besichtigungen – Präsenz ist Pflicht.
- ✔ Stelle dich nicht quer, sondern sei lösungsorientiert.
- ✔ Mache dem Makler möglichst wenig Arbeit – erstelle dein eigenes Exposé.
- ✔ Baue persönliche Beziehungen auf – z. B. über gemeinsame Interessen.
- ✔ Zeige Verbindlichkeit – stehe zu deinem Wort und sei zuverlässig.
- ✔ Nutze faule Makler als Chance – wo andere aussteigen, gehst du weiter.
- ✔ Kalkuliere Risiken bewusst mit ein, statt alles perfekt absichern zu wollen.
- ✔ Ziehe Sachverständige hinzu, wenn du dir unsicher bist – gezielt und mit Bedacht.
- ✔ Zeige Dankbarkeit – z. B. mit kleinen Gesten nach erfolgreichen Deals.
- ✔ Pflege auch Kontakte zu anderen wichtigen Partnern im Immobilienprozess.
- ✔ Werde die Person, an die man bei Immobilien zuerst denkt.

30

KAPITEL

Wie du einen Dealflow aufbaust

Ich bekomme immer wieder zu hören, wie einfach alles bei alles läuft. Doch was viele nicht sehen: Es hat mehrere Jahre gedauert, um in diese Position zu kommen. Die gute Nachricht ist: Du kannst denselben Zustand deutlich schneller erreichen, wenn du einige wichtige Dinge beachtest.

Die größte Herausforderung auf dem Weg zum kontinuierlichen Dealflow ist die Kontinuität. Wie bereits im Kapitel „Der Pawlowsche Hund“ beschrieben, stellt sich der Erfolg erst mit einer gewissen Verzögerung ein. Du musst also dranbleiben und dir eine Routine schaffen. Schau dir täglich die Immobilienportale und deine Suchfilter an. Besichtige die Objekte, auch wenn sie auf den ersten Blick zu teuer erscheinen.

Um das Beispiel der Zahnputzroutine noch einmal aufzugreifen: Du kannst dir sicher leicht vorstellen, dass es keine unmittelbaren Folgen hat, wenn du einen Tag lang vergisst, dir die Zähne zu putzen. Auch am zweiten Tag passiert vermutlich noch nichts. Doch mit der Zeit wirst du merken, dass sich deine Zähne rapide verschlechtern. Und irgendwann reicht es nicht mehr aus, einfach wieder mit dem Zähneputzen anzufangen – der Schaden ist bereits entstanden.

Ganz ähnlich, nur eben ins Positive gewendet, verhält es sich mit deinen Bemühungen in der Immobilienwelt. Anfangs investierst du viel Energie und Zeit, suchst intensiv nach attraktiven Angeboten – und erntest trotzdem nur Absagen und Rückschläge. Doch wenn du dranbleibst, stellt sich mit der Zeit der Erfolg ein. Irgendwann beginnt sich das Rad schneller zu drehen, ganz ohne zusätzlichen Kraftaufwand. Ab einem gewissen Punkt kommen die Deals wie von selbst zu dir.

Ich bekomme z. B. regelmäßig Angebote von Maklern oder befreundeten Investoren, die aktuell selbst nicht kaufen möchten oder können. Umgekehrt gebe ich auch selbst gerne interessante Objekte weiter – vor allem an Menschen, die mir in positiver Erinnerung geblieben sind. Sei es durch zuverlässiges Auftreten oder weil sie mir irgendwann einmal einen Gefallen getan haben.

Ich selbst helfe anderen grundsätzlich ohne Erwartungen. Trotzdem habe ich festgestellt: Es kommt immer etwas zurück – nicht unbedingt von derselben Person, aber oft auf überraschende Weise.

Besonders wichtig: Du musst wissen, was du suchst. Wer kein konkretes Ankaufsprofil hat, bekommt auch keine passenden Angebote. Makler werden dir kaum aktiv Immobilien anbieten, wenn du selbst nicht weißt, was für dich infrage kommt. Wenn du dann auch noch jede Immobilie absagst, weil sie nicht perfekt passt, wirst du bei den Maklern schnell aussortiert. Je klarer du kommunizierst, desto besser werden die Angebote.

Für viele wirkt es aufwändig, sich mit Maklern zu treffen, sie zum Essen einzuladen oder regelmäßig Kaufpreisangebote abzugeben. Aber wenn du dir vornimmst, einfach mal 100 Besichtigungen zu machen, wirst du mit sehr hoher Wahrscheinlichkeit schon vorher deinen ersten Deal abschließen. Die meisten geben aber bereits nach zwei Besichtigungen auf, wenn noch kein Kauf zustande gekommen ist.

Du wirst häufig zu hören bekommen, dass dein Angebot zu niedrig war. Das ist normal. Wichtig ist, dass du dranbleibst. Frage nach, ob das Objekt schon verkauft wurde. Rufe den Makler alle zwei Wochen an, um nachzufassen. Denn viele Deals scheitern an der Finanzierung. Hier liegt deine Chance: Der vermeintliche Höchstbietende bekommt keinen Kredit – und du bist zur Stelle.

Baue deinen Maklern also eine goldene Brücke. Frag immer wieder nach und bleibe freundlich. Rufe auch bei Maklern an, mit denen du bereits Kontakt hattest, und frage aktiv nach neuen Angeboten. Sag ihnen, dass du kein aufwändiges Exposé brauchst, sondern nur ein paar Eckdaten: Anschrift, Wohnfläche, Anzahl der Einheiten, grober Kaufpreis.

Je häufiger du das machst, desto eher wirst du zu den Investoren zählen, die überhaupt noch Off-Market-Objekte angeboten bekommen.

Wenn du nun denkst, du könntest den Maklern damit auf die Nerven gehen, dann kehre deine Gedanken mal um. Bekommst du mehr Angebote, wenn du gar nicht nachfragst? Denn kein Angebot hast du bereits, es kann sich nur ins Positive wenden.

Und nicht vergessen: Sprich bei jeder Gelegenheit über dein Thema. Wenn andere fußballbegeistert sind, sagen sie das auch offen. Warum solltest du nicht auch über dein Hobby sprechen? Immobilien. Erwähne es, wann immer es passt. Anfangs wird vielleicht wenig passieren. Aber sobald jemand aus deinem Umfeld von einem Verkauf hört, wirst du zur ersten Ansprechperson.

Das ist das Ziel: Du wirst zum Immobilienexperten in deinem Umfeld. Derjenige, an den man denkt, wenn es um Immobilien geht. Du bist präsent. Und mit jedem Kontakt, jeder Erinnerung steigt die Chance auf neue Deals. Die wichtigste Zutat bleibt: Dranbleiben.

Ich sehe das Ganze wie ein Angler, der viele Angeln ins Wasser hält. Irgendwo beißt schon ein Fisch an. Je mehr Strategien du einsetzt, desto größer ist deine Erfolgswahrscheinlichkeit.

Checkliste

- ✔ Tägliche Prüfung der Immobilienportale und Suchfilter.
- ✔ Konkretes Suchprofil definieren und kommunizieren.
- ✔ Besichtigungen vereinbaren, auch bei zu hohen Preisen.
- ✔ Aktiv Kaufpreisangebote abgeben.
- ✔ Regelmäßige Nachfass-Telefonate mit Maklern führen.
- ✔ Kontinuierliche Beziehungspflege mit Maklern (z. B. Mittagessen, Anrufe).
- ✔ Eigenes Netzwerk nutzen und als Immobilienexperte sichtbar werden.
- ✔ Jede Gelegenheit nutzen, um über das Thema Immobilien zu sprechen.
- ✔ Mehrere Strategien parallel verfolgen (Makler, Portale, Netzwerk, Tippgeber).
- ✔ Geduld und Ausdauer mitbringen: Erfolg stellt sich mit Verzögerung ein.

31

KAPITEL

Off-Market-Deals

Früher oder später wirst du beim Thema Immobilien über den Begriff „Off-Market" stolpern – falls du ihn nicht bereits kennst. Was viele als besonders exklusiv und spannend empfinden, ist in der Realität oft alles andere als das. Sobald mir jemand ein sogenanntes „Off-Market-Angebot" vorstellt, schrillen bei mir die Alarmglocken – denn meistens bedeutet das nichts anderes als: Ladenhüter.

Viele Makler nutzen den Begriff inflationär. Es gibt sogar eigene *WhatsApp*- oder *Facebook*-Gruppen für Off-Market-Deals – und genau dort verliert das Konzept seine eigentliche Bedeutung. Denn sobald ein Objekt mehr als einer Person angeboten wird, ist es faktisch nicht mehr „off-market". Für mich bedeutet Off-Market daher nur eines: ein Objekt, das nicht auf Immobilienportalen gelistet ist und exklusiv mir angeboten wird – ohne Konkurrenzsituation. Alles andere ist Makler-Marketing.

Warum ich bei „Off-Market" oft gleich aussteige

Die Realität ist: Die sogenannten Off-Market-Angebote sind häufig überteuert. In solchen Gruppen landen oft Objekte, die auf regulärem Weg nicht verkauft wurden oder dort gar nicht erst angeboten werden dürfen – gewissermaßen die Restposten der Maklerwelt. Ich möchte dir damit nicht deine eigenen Erfahrungen vorwegnehmen, aber ich persönlich habe aus diesen Quellen noch nie einen wirklich lukrativen Deal abgeschlossen.

Warum du trotzdem vorbereitet sein solltest

Natürlich kannst du versuchen, nach Off-Market-Quellen zu suchen – Scheidungsanwälte, Bestatter, Insolvenzverwalter. Es gibt viele kreative Tipps in Internetforen. Aber wie du schon in den vorherigen Kapiteln gelernt hast: Vertrauensvolle Geschäftsbeziehungen entstehen nicht über Nacht. Die sogenannte Sieben-Kontakte-Regel besagt, dass ein Mensch durchschnittlich sieben Interaktionen braucht, bevor er zu einem Geschäftspartner Vertrauen fasst. Ein Anruf reicht also nicht.

Ich habe inzwischen zwei Deals über Insolvenzverwalter realisiert. Nicht, weil ich aktiv auf sie zugegangen bin, sondern weil sie mich durch mein Netzwerk empfohlen bekommen haben. Die Deals kamen zustande, weil ich bereits als verlässlicher Käufer bekannt war. Und genau das ist entscheidend: **Vorbereitung trifft auf Chance – das ist das, was viele „Glück" nennen.**

Dein Netzwerk ist Gold wert

Dein Schornsteinfeger, dein Heizungsbauer, dein Elektriker – all diese Menschen betreten täglich fremde Häuser. Sie wissen oft schon vor dem Eigentümer, dass es bald verkauft wird. Ein Beispiel aus meinem Alltag: Mein Schornsteinfeger kam jahrelang ins Haus, ohne dass ich je ein Wort über Immobilien verloren hatte. Bis ich irgendwann bemerkte, dass er Motorsport-Fan ist – daraus entstand ein spannendes Gespräch. Jetzt habe ich seine private Handynummer.

Solche Kontakte entstehen überall. Wichtig ist nur, dass du bereit bist, zuzuhören und in Beziehungen zu investieren – ohne direkt ein Geschäft zu erwarten. Und das schließt eine faire Entlohnung ein: Ich bezahle Tippgeber für echte Leads, die zu einem Deal führen. Und zwar nicht mit einer Tafel Schokolade, sondern mit einem vierstelligen Geldbetrag. Warum? Weil sich das herumspricht. Menschen erinnern sich an Wertschätzung. Ebenso freuen sich deine Handwerker, wenn sie für einen heißen Tipp nicht nur Geld bekommen, sondern auch direkt einen neuen Auftrag erhalten, dein neues Objekt zu renovieren.

Das Problem mit echten Off-Market-Deals

So spannend Off-Market-Deals klingen, sie haben auch klare Nachteile: Oft lernst du die Verkäuferseite in einem sehr frühen Stadium kennen – bevor überhaupt eine Verkaufsabsicht besteht. Das kann von Vorteil sein, weil es noch keinen sogenannten „Anker" gibt, also keinen fixierten Preis im Kopf der Verkäufer. Doch genau das ist auch ein Risiko. Die Gespräche erfordern viel Zeit, Fingerspitzengefühl und Überzeugungsarbeit. Und oft gibt es keine klaren Unterlagen, was den Prozess weiter verlangsamt.

Makler sind keine Feinde – sondern Verbündete

Ein weiterer Trugschluss: Viele streben Off-Market-Deals an, weil sie sich die Maklerprovision sparen wollen. Doch was sagt das über dein finanzielles Mindset aus, wenn du auf ein paar 1.000 Euro verzichtest – während du gleichzeitig bereit bist, Immobilien im sechs- oder siebenstelligen Bereich zu kaufen?

Makler können dir das Leben deutlich erleichtern – vorausgesetzt, sie arbeiten professionell. Die Unterlagen sind bereits aufbereitet, die Verkäufer sind verkaufsbereit, und die Abwicklung erfolgt strukturiert. Und nicht zu vergessen: Sie haben es überhaupt erst geschafft, dieses Immobilienangebot zu akquirieren.

Aktuell habe ich z. B. einem Makler seine Provision versprochen, sollte es zum Kauf kommen, obwohl er das Objekt gar nicht mehr vermarktet. Er hat mir aber wichtige Hinweise genannt, an wen ich mich wenden soll. Ohne ihn wäre ich nicht auf das Objekt aufmerksam geworden. Warum ihn also nicht honorieren?

Du willst Millionär werden, aber geizt mit der Maklerprovision? Dann ist vielleicht nicht der Markt das Problem, sondern dein Denken.

Checkliste

- ✔ Off-Market bedeutet: keine Portale, kein Wettbewerb – wirklich exklusiv.
- ✔ Viele Off-Market-Angebote sind überteuerte Ladenhüter.
- ✔ Nutze dein bestehendes Netzwerk: Handwerker, Schornsteinfeger, Bekannte.
- ✔ Suche nicht aktiv nach Insolvenzverwaltern, sondern sei vorbereitet, wenn Gelegenheiten kommen.
- ✔ Pflege Beziehungen, ohne sofort eine Gegenleistung zu erwarten.
- ✔ Zahle Tippgeber fair – das spricht sich herum.
- ✔ Versteife dich nicht auf Off-Market – auch Makler-Deals können lukrativ sein.
- ✔ Gute Makler sparen dir Zeit, Aufwand und bieten geprüfte Objekte.
- ✔ Denke langfristig: Baue Vertrauen auf, sei zuverlässig, bezahle pünktlich.
- ✔ Achte auf dein finanzielles Mindset – wer spart, wo es keinen Sinn ergibt, blockiert sein Wachstum.
- ✔ Investiere Zeit nur, wenn der Deal realistisch ist – rechne Opportunitätskosten mit ein.
- ✔ Frage dich immer: Trägt dieser Deal zu meinem Ziel bei?

32

KAPITEL

Bewertung der Bausubstanz

Die Bewertung der Bausubstanz gehört zu den herausforderndsten Aufgaben bei einer Besichtigung – vor allem für Einsteiger. Das liegt unter anderem daran, dass das Thema in der Tiefe so komplex ist, dass es eigene Studiengänge dazu gibt. Für dein Ziel – Immobilien erfolgreich zu erwerben und zu bewirtschaften – brauchst du jedoch keine akademische Ausbildung. Es genügt, die entscheidenden Anhaltspunkte zu kennen und deinen Blick dafür zu schärfen. Genau das lernst du in diesem Kapitel.

Ich selbst habe mir im Laufe der Zeit eine klare Regel angewöhnt: Steht der Keller nicht unter Wasser und regnet es oben nicht rein, ist die Wahrscheinlichkeit hoch, dass der Rest dazwischen auch in Ordnung ist. Diese einfache Faustregel ersetzt natürlich nicht die gründliche Prüfung der Immobilie, ist aber ein erster Anhaltspunkt.

Beim Thema Bausubstanz geht es nicht darum, kleine Kratzer oder Macken zu bemängeln – die sind irrelevant. Es geht vielmehr darum, große Schwachstellen zu erkennen, den Sanierungsstaus zu identifizieren und potenzielle Risiken zu bewerten. Jedes Problem, das du erkennst, kannst du in Rendite umwandeln. Je mehr Probleme du erkennst – und lösen kannst – desto größer dein Gewinnpotenzial.

Worauf du bei der Besichtigung achten solltest

Ein guter erster Schritt ist, mit offenen Augen durch die Immobilie zu gehen: Sieh dir alle Wände, Decken und Böden genau an. Öffne jede Tür, schau in jede Ecke. So entwickelst du ein Gespür dafür, ob eine Immobilie in einem gepflegten oder vernachlässigten Zustand ist.

Briefkästen und Klingelanlage – die Visitenkarte der Immobilie. Hier kannst du bereits viel ablesen. Nicht nur, wer hier namentlich wohnt, sondern auch, wie die Bewohner mit dem Objekt umgehen. Frisch gestrichene Räume machen oft einen guten Eindruck – manchmal sogar zu gut. Sei hier besonders wachsam. Denn ein frischer Anstrich kann auch ein Mittel sein, um Schimmel oder

Feuchtigkeitsschäden zu kaschieren. Gelegentlich werden diese einfach überdeckt, statt beseitigt.

Um auf Nummer sicher zu gehen, verwende ich bei jeder Besichtigung ein Feuchtigkeitsmessgerät. Viele Schäden lassen sich bereits mit bloßem Auge erkennen, doch bei Unsicherheiten ist das Gerät Gold wert. Ich selbst nutze das *Hygromette Compact B* von *GANN*. Wichtig: Es muss das mit der Stahlkugel sein, keins mit zwei Spitzen. Aber selbst günstigere Geräte, z. B. von *Trotec*, helfen weiter. Viele versuchen, beim Gerät am Preis zu sparen – doch egal, welches du kaufst: Es zahlt sich oft schon bei der ersten Nutzung aus. Deshalb investiere ich von Anfang an in gutes Equipment, an dem ich lange Freude habe. Das gleiche Prinzip gilt für andere Tools, z. B.:

- Wärmebildkamera (zur Ortung von Wärmebrücken oder Lecks),
- Drohne (zur Dachinspektion von außen),
- Lasermessgerät (zur Verifizierung der Wohnfläche),
- Gliedermaßstab/Zollstock (vor allem bei Dachschrägen zur Ermittlung).

Eine Investition in solche Geräte zahlt sich immer dann aus, wenn du nur einen einzigen Mangel entdeckst, der dir sonst entgangen wäre.

Modernisierungsstand systematisch prüfen

Die Banken geben dir bei Finanzierungen in der Regel Formulare zur Einschätzung des Modernisierungsstands. Diese Liste kannst du für deine eigene Bewertung übernehmen. Geh die folgenden Gewerke strukturiert durch:

- Fenster: Wann wurden sie zuletzt erneuert? Das Herstellungsjahr findest du häufig zwischen den Scheiben eingraviert.
- Heizung: Das Baujahr steht meist auf dem Typenschild. Alternativ findest du oft einen Datumsstempel auf Kunststoffteilen.

- Badezimmer: Hier geben Stil und Zustand der Fliesen Hinweise. Frag auch aktiv den Verkäufer oder Makler.
- Elektroinstallation: Zustand der Sicherungskästen, offene Kabel, veraltete Schalter – alles wichtige Indikatoren.
- Dach und Dämmung: Sieh dir die Eindeckung, den Dachstuhl und den Dämmzustand an.

Bitte beachte für deine Kalkulation, dass es keine Rolle spielt, wie hässlich das Bad ist oder wie alt die Fliesen sind, wenn du es ohnehin erneuern möchtest. Viele Anfänger lassen sich von alten Bädern oder unrenovierten Wohnungen abschrecken, doch genau hier steckt erst das wahre Potenzial.

Wohnfläche: genau nachmessen!

Die korrekte Wohnflächenberechnung ist ein wichtiger Punkt – für deine Finanzierung, deine Bewertung und deine Planung. Ein Lasermessgerät hilft dir, exemplarisch eine Wohnung auszumessen und Rückschlüsse auf andere Einheiten zu ziehen, wenn du ein Mehrfamilienhaus prüfst.

Besonders bei Dachschrägen ist eine genaue Berechnung entscheidend:

- über 2 m Deckenhöhe: zählt zu 100 % zur Wohnfläche,
- zwischen 1 und 2 m Deckenhöhe: zählt zu 50 %,
- unter 1 m Deckenhöhe: zählt gar nicht.

Erstelle hier eine *Excel*-Tabelle, in der du alle Räume inkl. Besonderheiten wie Balkone oder Dachschrägen dokumentierst. Balkone dürfen übrigens mit 25 bis 50 Prozent zur Wohnfläche gerechnet werden – wie du das handhabst, hängt vom Kontext ab: beim Kauf in Verhandlungen ggf. konservativ (25 Prozent oder gar nicht), bei der Präsentation gegenüber der Bank gern optimistisch (50 Prozent).

Ein Hinweis: Lieferst du der Bank keine eigene Wohnflächenberechnung, kann es sein, dass sie eine gestempelte Berechnung vom Architekten fordert – das kostet dich schnell 200 Euro oder mehr für eine kleine Wohnung. Investiere also lieber einmalig in ein gutes Gerät. Ebenso musst du bedenken, dass ein Quadratmeter Wohnfläche in den meisten Fällen mehr als 1.000 Euro kostet. Findest du zusätzlichen Wohnraum oder eben fehlenden, spielt es keine Rolle, ob das Messgerät nun 30 Euro bei *Aldi* gekostet hat oder 100 Euro im Fachhandel.

Typische Mängel je nach Baujahr erkennen

Besonders häufig treten bei bestimmten Baujahren wiederkehrende Probleme auf – eines davon ist Asbest. In den 1960er bis 1980er Jahren war Asbest weitverbreitet, um nicht zu sagen *der Shit*. Du findest es z. B. in:

- Fliesenklebern (erkennbar an schwarzem Kleber),
- Dach- und Fassadenplatten (Eternit),
- Isolierungen,
- Fußbodenbelägen.

Eine genaue Aussage liefert hier eine Laboruntersuchung.

Wichtig: Asbest ist in der verbauten Form nicht automatisch gefährlich, erst wenn Fasern freigesetzt werden, entsteht Gesundheitsgefahr. Eine Sanierung ist nicht zwingend nötig, solange keine Eingriffe vorgenommen werden. Falls doch: Spezialfirmen bieten eine günstige Entsorgung an.

Spezialfälle: Dachgeschoss, Keller, Balkone

Dachgeschosswohnungen

Hier unbedingt prüfen, ob der Wohnraum genehmigt ist. Nur weil jahrelang vermietet wurde, heißt das nicht, dass es auch baurechtlich zulässig ist. Informiere dich beim Bauamt, was genau genehmigt wurde. Oft hört man in dem Zusammenhang den Begriff „Nachgenehmigung" – das ist jedoch irreführend. Es wird der Eindruck vermittelt, man müsse lediglich ein Formular ausfüllen und der nicht genehmigte Wohnraum wäre auf einmal legalisiert. Nein, du musst einen kompletten Bauantrag stellen und hier auch alle aktuellen Anforderungen hinsichtlich Statik, Wärmeschutz, Schallschutz, Brandschutz, Stellplätze etc. erfüllen.

Keller

Kellerräume älterer Baujahre (z. B. um 1900) dürfen feucht sein! Damals wurden weder Bodenplatten noch Abdichtungen eingebaut – das war ganz normal und stellt keinen Mangel dar. Wichtig ist jedoch: Niemals streichen oder versiegeln! Das würde das Raumklima massiv verschlechtern. Setze stattdessen auf eine gute Belüftung.

Eine mögliche Maßnahme zur Verbesserung wäre die Abdichtung mit Edelstahlplatten – kostenintensiv, aber wirksam. Dabei werden gewellte Edelstahlplatten umlaufend in die Fugen des Mauerwerks eingeschlagen und bilden so eine effektive Barriere gegen aufsteigende Feuchtigkeit. Der Kellerbereich unterhalb dieser Sperre bleibt allerdings weiterhin feucht.

Von flüssigen Horizontalsperren ist hingegen abzuraten – sie bieten keine verlässliche Wirkung gegen kapillar aufsteigende Feuchtigkeit.

Was unter bestimmten Voraussetzungen – etwa ohne drückendes Wasser, wie es bei Hanglagen auftreten kann – gut funktionieren soll, ist das sogenannte Kristallisationsverfahren. Dabei wird ein spezielles Material aufgetragen, das Kristalle im Mauerwerk bildet und die Wand dadurch wasserundurchlässig macht. So bleibt der Keller trocken.

Allerdings habe ich selbst keines dieser Verfahren bisher angewendet. Daher an dieser Stelle ausdrücklich der Hinweis: Es handelt sich nicht um eine Empfehlung, sondern um eine Zusammenfassung möglicher Optionen.

Balkone

Schau dir den Zustand von oben und unten an. Achte auf Risse, Abplatzungen, Feuchtigkeitseintritt und Schäden an Fallrohren. Korrodierter Stahl im Inneren kann den Balkon „aufplatzen“ lassen. Das liegt einfach daran, dass rostender Stahl sich ausdehnt und so die Betonplatte von innen heraus sprengt – eine Sanierung kostet schnell 10.000 Euro pro Balkon. Farbaufträge und kleinere Ausbesserungen helfen, größere Schäden zu vermeiden.

Letzter Tipp: Betrachte die Immobilie wie ein Mieter

Versetze dich in die Rolle eines zukünftigen Mieters. Was würde dir auffallen? Was würde dich stören? Ignoriere bei der Begehung Möbel, Dekoration und Einrichtung – konzentriere dich allein auf die Substanz. Und ja, das braucht Übung. Doch mit jedem Objekt wirst du besser.

Checkliste

- ✔ Keller trocken, Dach dicht? Eine erste grobe Einschätzung.
- ✔ Frisch gestrichene Wände kritisch betrachten (mögliche Mängelüberdeckung).
- ✔ Feuchtigkeitsmessgerät verwenden (z. B. *Hygromete Compact B* von *GANN*).
- ✔ Weitere Tools: Wärmebildkamera, Drohne, Lasermessgerät, Zollstock.
- ✔ Zustand der Fenster, Heizung, Bäder und Elektrik dokumentieren.
- ✔ Wohnfläche exakt nachmessen und bei Dachschrägen korrekt anrechnen.
- ✔ Balkone mit 25 bis 50 Prozent berücksichtigen – je nach Zielsetzung.
- ✔ Asbest bei Baujahren 1960 bis 1980 einkalkulieren, nicht dramatisieren.
- ✔ Keller in Altbauten nie streichen, nur gut belüften.
- ✔ Balkone auf Schäden von oben und unten prüfen (Korrosion, Abplatzungen).
- ✔ Bei Dachwohnungen Genehmigung prüfen (Bauakte einsehen).
- ✔ Altlasten- und Baulastenverzeichnis bei der Stadt prüfen.
- ✔ Immobilie immer mit den Augen eines potenziellen Mieters betrachten.

Prüfung der Objektunterlagen

Wer Immobilien kauft, sollte wissen, worauf er sich einlässt. Die Prüfung der Objektunterlagen gehört zu den wichtigsten Schritten in der Ankaufsprüfung – und kann über Erfolg oder Misserfolg deiner Investition entscheiden. Besonders zwischen Eigentumswohnungen und Mehrfamilienhäusern gibt es relevante Unterschiede: Bei Eigentumswohnungen ist der Dokumentationsaufwand in der Regel größer, während bei Mehrfamilienhäusern mit höherem Volumen weniger kleinteilige Unterlagen zu prüfen sind.

Eigentumswohnungen: Teilungserklärung & Gemeinschaftsstruktur

Ein zentrales Dokument bei Eigentumswohnungen ist die **Teilungserklärung**. Sie wurde ursprünglich erstellt, um ein Mehrfamilienhaus in einzelne Eigentumseinheiten aufzuteilen. Sie regelt exakt, welche Flächen dir als Käufer gehören (Sondereigentum) und welche Flächen allen Miteigentümern gemeinschaftlich gehören (Gemeinschaftseigentum). Sondereigentum umfasst typischerweise deine Wohnung und oft auch den zugehörigen Keller. Alles andere – Dach, Fassade, Treppenhaus, Leitungen, Heizanlage etc. – gehört meist zum Gemeinschaftseigentum.

Doch hier liegt der Teufel im Detail: Bis wohin gehören dir die Strom- und Wasserleitungen? Wer ist zuständig für den Austausch der Fenster? Nach aktueller Rechtslage gehören Fenster stets zum Gemeinschaftseigentum. Dennoch sind teilweise in alten Teilungserklärungen abweichende Regelungen getroffen worden. Hast du beispielsweise eine Formulierung wie „Fenster im Sondereigentum" übersehen, kann das bedeuten, dass du selbst für Austausch und Wartung verantwortlich bist – mit möglicherweise erheblichen Kosten.

Auch wenn du rein rechtlich Ansprüche durchsetzen kannst: Wenn du dich gegen das „stille Gewohnheitsrecht" der Eigentümergemeinschaft stellst, machst du dir schnell Feinde. Daher ist es ratsam, bei Konfliktpotenzial abzuwägen, ob du wirklich auf dein Recht bestehst oder im Sinne des Miteinanders pragmatisch handelst. Denn Entscheidungen in der Eigentümerversammlung werden demokratisch getroffen – du musst dich also der Mehrheit beugen, selbst wenn du im Recht bist oder eben klagen.

Solltest du je in die Situation kommen, selbst eine Teilungserklärung zu formulieren – etwa bei der Umwandlung eines Hauses in Wohnungseigentum – dann schreib sie so, als würdest du sie für einen fremden Dritten formulieren. Verträge werden im Frieden geschrieben – für den Streitfall. Sie sollen klare Antworten liefern, wenn es einmal ungemütlich wird.

Aufteilungsplan und richtige Zuordnung

Neben der Teilungserklärung ist der **Aufteilungsplan** entscheidend: Hier wird zeichnerisch festgehalten, welche Einheiten zu welcher Wohnung gehören – insbesondere wichtig bei Kellerräumen, Stellplätzen oder Gartenanteilen. Achte unbedingt darauf, dass Angaben im **Grundbuch**, in der **Teilungserklärung** und im **Kaufvertrag** identisch sind. Es hat schon Fälle gegeben, bei denen Käufer nach einer teuren Sanierung feststellen mussten, dass sie die falsche Wohnung gekauft haben.

Eigentümerversammlungen und Gemeinschaftsdynamik

Einen wertvollen Einblick in die Funktionsweise der Gemeinschaft bieten die **Protokolle der letzten drei Eigentümerversammlungen**. Warum genau drei? Eine festgelegte Regel gibt es nicht, aber drei Jahre liefern in der Praxis einen soliden Überblick. Du erkennst daraus,

- welche Themen in der Vergangenheit wiederholt diskutiert wurden (z. B. Sanierungsstau).
- welche Investitionen anstehen könnten.
- ob die Eigentümergemeinschaft harmonisch zusammenarbeitet oder häufig streitet (wird einstimmig oder sehr knapp abgestimmt?).

- welche Rücklagen vorhanden sind und wofür sie verwendet werden.

So kannst du besser einschätzen, mit welchen Kosten, Entscheidungen und Mitstreitern du in Zukunft rechnen musst.

Mietverträge: Rechte und Pflichten übernehmen

Der Grundsatz **„Kauf bricht Miete nicht“** bedeutet: Du trittst mit dem Kauf in alle Rechte und Pflichten des bestehenden Mietverhältnisses ein. Eine Änderung des Mietvertrags ist nur mit Zustimmung des Mieters möglich. Es gibt keine rechtliche Handhabe, ihn einseitig zu ändern.

Warmmietverträge

In solchen Verträgen ist bereits die Nebenkostenpauschale enthalten, ohne jährliche Abrechnung. Diese Verträge sind oft alt und benachteiligen den Vermieter, da steigende Betriebskosten nicht einfach weitergegeben werden können.

In solchen Fällen lohnt sich ein Blick auf das Konstrukt der **Teil-Inklusivmiete**, bei dem du eine Grundlage zur Mietanpassung schaffen kannst, wenn gewisse Kosten überproportional gestiegen sind. Besonders in Zeiten hoher Energiepreise kann das ein Rettungsanker sein. Doch bedenke: Nur **vereinbarte** Betriebskosten dürfen auch abgerechnet werden. Ein schlecht formulierter Mietvertrag kann daher langfristig zu finanziellen Nachteilen führen.

Grundrissprüfung und Baubestandsanalyse

Anhand des Grundrisses oder Aufteilungsplans oder aus den Bauakten erkennst du, ob das Objekt für die Vermietung sinnvoll geschnitten ist. **Durchgangszimmer** (auch „gefangene Räume“ genannt), die nicht direkt durch den Flur erreichbar sind, wirken sich negativ auf die Vermietbarkeit aus.

Abweichungen vom Plan erkennst du spätestens bei der **Besichtigung vor Ort**. Sollten tragende Wände versetzt oder Räume umgebaut worden sein, ohne Genehmigung, kann das rechtlich problematisch sein. Wenn dir keine Bauunterlagen vom Verkäufer oder Makler zur Verfügung gestellt werden, kannst du beim **Bauamt Akteneinsicht** beantragen. Dies sollte jedoch erst gegen Ende des Prüfprozesses erfolgen, um Aufwand zu sparen. Viele Investoren prüfen frühzeitig zu viel – und bekommen die Immobilie dann doch nicht.

Grundbuch und Baulasten

Das **Grundbuch** verrät dir, ob für das Objekt **Baulasten** eingetragen sind – etwa Wegerechte, Abstandsflächen oder Leitungsrechte. Diese können den Nutzwert deiner Immobilie massiv beeinflussen. Ein Beispiel: Garagen auf einem Grundstück ohne eingetragenes Wegerecht – du darfst sie nicht anfahren, wenn dir der Nachbar den Zugang verweigert. Solche Details entscheiden über Kauf oder Rücktritt. Wenn du Formulierungen im Grundbuch nicht verstehst, nutze KI-Tools oder juristische Beratung, um sie zu interpretieren.

Altlasten und Umweltgefahren

Eine Anfrage beim **Altlastenkataster** gibt dir Auskunft darüber, ob das Grundstück ehemals als Industriefläche genutzt wurde oder ob Bodenverunreinigungen vorliegen. Ein negativer Bescheid schafft Klarheit – für dich und für die Bank. Zwar ist diese Auskunft selten problematisch, doch im Einzelfall kann sie vor teuren Überraschungen schützen. Willst du auf einem betroffenen Grundstück bauen, kann dies teuer bei der Entsorgung des Erdaushubs sein und mit weiteren Auflagen verbunden sein.

Energieausweis: Pflichtdokument mit begrenztem Nutzen

Zwar ist der Energieausweis gesetzlich vorgeschrieben und wird von Banken, Mietern und Kaufinteressenten oft eingefordert – doch aus praktischer Sicht ist seine Aussagekraft begrenzt. Es gibt zwei Varianten:

- **Bedarfsausweis:** basiert auf der Bausubstanz
- **Verbrauchsausweis:** basiert auf dem tatsächlichen Energieverbrauch

Beide lassen sich manipulieren oder geben ein verzerrtes Bild ab – z. B., wenn die Wohnung leer stand oder verschwenderisch beheizt wurde. Dennoch ist es sinnvoll, bei fehlendem Ausweis selbst einen erstellen zu lassen, z. B. über Anbieter wie *Expresspass*. Wer den Ausweis zahlt, hat Einfluss auf dessen Inhalt – was strategisch genutzt werden kann.

Strategie der Prüfung: Zeitpunkt entscheidet

Ich empfehle, die Unterlagenprüfung **nicht vor der ersten Besichtigung** durchzuführen. Warum? Du riskierst sonst, durch kritische Rückfragen bereits vorab aus dem Käuferkreis ausgeschlossen zu werden. Viel sinnvoller ist es, zuerst das Objekt anzuschauen, Sympathie aufzubauen, Interesse zu signalisieren – und dann, kurz vor der finalen Entscheidung, mit deinen geprüften Unterlagen in die Verhandlung zu gehen. Solltest du dann noch etwas finden, was den Preis mindert, ist die Chance größer, dass dein Argument Gehör findet – weil du zuvor Vertrauen aufgebaut hast.

So vermeidest du, viel Zeit in Objekte zu investieren, die du am Ende gar nicht bekommst. Viele Anfänger machen genau diesen Fehler – sie prüfen zu viel und kaufen am Ende nichts.

Probier meine Strategie gerne aus – und schreib mir, wie sie für dich funktioniert hat.

Checkliste

- ✔ Bei Eigentumswohnungen: Teilungserklärung auf Sondereigentum vs. Gemeinschaftseigentum prüfen.
- ✔ Aufteilung von Fenstern, Leitungen, Kellerräumen genau prüfen.
- ✔ Aufteilungsplan mit Grundbuch und Kaufvertrag abgleichen.
- ✔ Protokolle der letzten drei Eigentümerversammlungen lesen.
- ✔ Gemeinschaftsdynamik und Investitionspläne erkennen.
- ✔ Mietverträge sorgfältig prüfen: Warmmiete, Rechte und Pflichten.
- ✔ Mietanpassung bei Teil-Inklusivmiete prüfen.
- ✔ Grundrisse analysieren: Durchgangszimmer oder schlechte Schnitte erkennen.
- ✔ Änderungen am Grundriss mit Bauunterlagen/Bauamt abgleichen.
- ✔ Grundbuch auf Baulasten, Wegerechte oder Beschränkungen prüfen.
- ✔ Altlastenkataster bei Stadt oder Gemeinde anfragen.
- ✔ Energieausweis (Bedarf/Verbrauch) prüfen oder selbst beauftragen.
- ✔ Unterlagen erst spät im Kaufprozess intensiv prüfen.
- ✔ Vertrauen und Beziehung zum Verkäufer/Makler vor fachlicher Kritik aufbauen.
- ✔ Aufwand und Timing realistisch planen, um handlungsfähig zu bleiben.

33

KAPITEL

Analyse statt Paralyse

Du hast nun einen groben Überblick gewonnen, wie du die Bausubstanz bewerten kannst, doch je mehr du weißt, desto komplizierter wird es. Und genau das ist für viele ein großes Problem. Denn mit der steigenden Menge an Informationen wächst auch die Unsicherheit. Viele Menschen glauben, sie müssten erst alles wissen, bevor sie den ersten Schritt gehen können. Dieses Bedürfnis nach Sicherheit ist verständlich. Schließlich treffen wir selten aus Absicht schlechte Entscheidungen – sie entstehen meist aus Unwissenheit oder aus falschen Annahmen. Doch der Wunsch, alles zu wissen, bevor man ins Handeln kommt, kann sich als trügerisch erweisen. Denn Wissen ohne Anwendung bleibt folgenlos.

Zu viele Informationen sind selten hilfreich. Im Gegenteil: Sie lähmen uns. Statt Klarheit entsteht Verwirrung. Wir zerpflücken jede Idee, jeden Plan, jedes Vorhaben, bis wir am Ende gar nicht mehr wissen, wo wir anfangen sollen. Die Analyse wird zur Paralyse. Der Blick auf das große Ganze wird zur Last, wenn wir vor lauter Details den Mut zum Handeln verlieren.

Natürlich ist es sinnvoll, informiert zu sein. Aber wer auf das perfekte Wissen wartet, wartet oft vergeblich. Es wird immer noch etwas geben, das du nicht weißt – und genau das ist auch in Ordnung. In Wahrheit tritt der befürchtete Worst Case so gut wie nie ein. Und wenn doch, dann wirst du Wege finden, damit umzugehen. Es ist viel gefährlicher, vor lauter Angst vor Fehlern nie anzufangen.

Deshalb solltest du dieses Buch nicht wie einen Roman lesen. Lies es nicht, um unterhalten zu werden, sondern um zu handeln. Nutze es wie ein Arbeitsheft. Wie eine Schritt-für-Schritt-Anleitung. Du würdest ja kein Möbelstück aufbauen, indem du erst einmal das gesamte Handbuch durchliest und dann versuchst, dich an alles zu erinnern. Du arbeitest dich Schritt für Schritt vor. Genauso solltest du auch mit diesem Buch umgehen.

Wenn du nur konsumierst, wirst du nach dem letzten Kapitel vieles wieder vergessen haben. Das Erlernte bleibt nur dann wirklich bei dir, wenn du es anwendest.

„Sage es mir und ich werde es vergessen. Zeige es mir und ich werde es vielleicht behalten. Lass es mich tun und ich behalte es!" (Konfuzius)

Lies das Buch deshalb mindestens zweimal. Du wirst überrascht sein, wie viel du beim zweiten Mal entdeckst, was dir beim ersten Mal entgangen ist. Nicht, weil der Text sich verändert hätte – sondern weil du dich weiterentwickelt hast. Du siehst Dinge anders, verstehst Zusammenhänge tiefer, erkennst neue Möglichkeiten. Diese Erfahrung mache ich selbst bis heute. Ich lese Bücher, die mir wichtig sind, gerne mehrmals. Beim zweiten, dritten, manchmal vierten Lesen entdecke ich Stellen, die ich vorher überlesen oder nicht vollständig verstanden hatte.

Lass dich nicht auf den Trugschluss ein, dass du erst alles wissen musst. Denn genau das ist einer der größten Blockierer. Viele Menschen sträuben sich vor neuen Erfahrungen, weil sie glauben, nicht genug zu wissen. Dabei verkennen sie, dass die Anwendung das eigentliche Ziel ist. Selbst wenn du beim Lesen das Gefühl hast, etwas schon zu wissen – frag dich ehrlich: Hast du dieses Wissen auch schon erfolgreich angewendet?

Ich selbst habe mich oft dabei ertappt, wie ich beim Lesen dachte: „Das kenne ich doch schon." Aber bei genauerem Nachdenken musste ich mir eingestehen: Ich hatte es zwar schon mal gehört, vielleicht sogar verstanden – aber umgesetzt hatte ich es noch nicht. Und genau darin liegt der Unterschied zwischen theoretischem Wissen und gelebter Erfahrung.

Deshalb: Lies nicht nur. Tu. Nutze dieses Buch, um ins Handeln zu kommen. Leg es auch mal beiseite und setze das Gelesene direkt um. Unterschätze diesen Schritt nicht. Er ist vielleicht der wichtigste überhaupt. Oder kennst du jemanden, der Schwimmen gelernt hat, nur mit einem Buch in der Hand?

Checkliste

- ✔ Zu viele Informationen führen oft zu Entscheidungsblockaden.
- ✔ Analyse darf nicht zur Paralyse werden.
- ✔ Der Worst Case tritt selten ein – Angst ist meist unbegründet.
- ✔ Bücher sollten nicht nur konsumiert, sondern als Anleitung genutzt werden.
- ✔ Lies das Buch mindestens zweimal – dein Verständnis wird sich weiterentwickeln.
- ✔ Wissen allein reicht nicht – erst die Anwendung bringt Ergebnisse.
- ✔ „Das weiß ich schon" ist kein Freifahrtschein – frage dich, ob du es auch anwendest.
- ✔ Umsetzung ist der Schlüssel zum Erfolg.

34

KAPITEL

Bankenakquise

Die Bankenakquise ist ein zentraler Schritt auf deinem Weg zur finanziellen Freiheit mit Immobilien. Zwar wurde das Thema Finanzierung bereits im Zusammenhang mit dem Henne-Ei-Problem gestreift, aber jetzt ist der Zeitpunkt gekommen, das Thema mit voller Kraft anzugehen. Denn ohne Banken – also ohne Kapital – wird es in den seltensten Fällen funktionieren. Du brauchst verlässliche Finanzierungspartner, die dein Geschäftsmodell verstehen, deine Strategie mittragen und bereit sind, bei deinem Weg mitzuwachsen. In diesem Kapitel erfährst du, wie du genau diese Partner findest, wie du den Erstkontakt gestaltest, welche Unterlagen du vorbereiten musst und wie du dich als professioneller und attraktiver Kreditnehmer präsentierst.

Die richtige Strategie für den Erstkontakt

Falls du noch keine Bankkontakte gesammelt hast, dann musst du das jetzt dringend nachholen. Dein erster Anlaufpunkt sollte immer deine Hausbank sein. Sie kennt dich bereits, du hast dort in der Regel ein Konto, vielleicht sogar ein Depot oder eine Kreditkarte, und du bist dadurch für den Ansprechpartner kein unbeschriebenes Blatt. Aber: Verlasse dich bitte nicht nur auf deine Hausbank. Mach parallel weitere Anfragen – insbesondere bei regionalen *Volks-* und *Raiffeisenbanken* sowie *Sparkassen*. Davon gibt es allein in Deutschland über tausend. Bereits in dieser Gruppe solltest du problemlos fündig werden.

Großbanken und Vergleichsportale solltest du eher meiden, wenn du keine Standardfinanzierung suchst. Diese Banken bevorzugen klare, einfache Finanzierungen – idealerweise für Eigennutzer mit hohem Eigenkapitalanteil. Unser Ziel – möglichst viele Immobilien mit wenig Eigenkapital – passt nicht in deren Raster. Entsprechend hoch ist die Ablehnungsquote oder die Qualität der Angebote ist enttäuschend.

Warum Banken oft „Nein“ sagen – und es nichts mit dir zu tun hat

Viele Kreditinteressenten ziehen falsche Schlüsse, wenn sie von einer Bank eine Absage bekommen. Sie fangen an, an sich zu zweifeln. Doch du musst verstehen: Banken und ihre Mitarbeiter haben interne Zielvorgaben. Es kann also sein, dass das Kreditvolumen für dieses Quartal bereits ausgeschöpft ist oder gerade keine Budgets für vermietete Objekte in Randlagen vorhanden sind. Auch die Kompetenzen der Ansprechpartner spielen eine Rolle: Ein Sachbearbeiter darf womöglich nur Finanzierungen bis 500.000 Euro entscheiden – du brauchst aber 1,2 Millionen. Daher solltest du immer im Vorfeld telefonisch abklären, wie die aktuelle Situation aussieht. Damit sparst du beiden Seiten Zeit.

Ich gehe auf den Webseiten der Banken gezielt auf die Seite „Firmenkunden“ oder „Baufinanzierung“, suche dort nach dem Abteilungsleiter und rufe diesen direkt an. Sollte er nicht zuständig oder nicht erreichbar sein, lasse ich mich zum geeigneten Ansprechpartner durchstellen. Von oben nach unten, nicht andersherum. Das hat sich in der Praxis als am effizientesten erwiesen.

Der erste Pitch – kurz, prägnant, professionell

Du solltest dein Anliegen in wenigen Sätzen überzeugend präsentieren können. Stell dir vor, du hättest nur eine Minute Zeit. Was würdest du sagen? Ein Beispiel:

„Hallo Herr Müller, ich habe ein Mehrfamilienhaus mit acht Wohneinheiten in Solingen reserviert. Die Bruttorendite liegt bei über acht Prozent, und ich möchte das Objekt mit ca. zehn Prozent Eigenkapital finanzieren. Ich arbeite bereits seit vier Jahren mit Immobilien, dies wäre mein sechstes Objekt. Haben Sie grundsätzlich Interesse an einer Zusammenarbeit?“

Das genügt oft schon, um eine erste Reaktion zu bekommen. Wenn diese positiv ist, vereinbare ein persönliches Gespräch oder ein Telefonat, bei dem du deine vollständig aufbereiteten Unterlagen übermittelst.

Bankenunterlagen: Wie du dich und dein Vorhaben präsentierst

Ein häufiger Anfängerfehler ist, einfach das Maklerexposé weiterzuleiten. Das reicht nicht. Du brauchst ein umfassendes Bankexposé, das einer Bewerbung gleicht. Denke daran: Du bietest der Bank eine Investitionsmöglichkeit – du bist kein Bittsteller.

Meine Bankunterlagen beginnen immer mit einer kurzen Vorstellung von mir oder meiner Frau. Auch wenn wir getrennt finanzieren, fragen Banken oft:

- In welchem Güterstand leben Sie?
- Hat der Partner eigenes Einkommen?
- Wie viele Kinder gibt es? Wie alt sind diese?
- Privat oder gesetzlich versichert?

Ich gebe direkt auch Steuer-ID und Bankverbindung an, denn diese Informationen kommen ohnehin im Laufe des Prozesses auf. Danach folgt der Finanzierungswunsch:

- Wunschzinsrahmen
- Tilgungsvorstellung oder Tilgungsaussetzung (inkl. Tilgungsersatz wie ETF)
- Eigenkapitaleinsatz
- Finanzierungsstruktur

Dann folgt das Objekt. Du solltest alle relevanten Informationen kurz stichpunktartig in einer *Word*- oder *Excel*-Datei festhalten:

- Adresse, Baujahr, Wohnfläche
- Anzahl der Einheiten
- IST- und SOLL-Miete
- Zustand (z. B. Dach, Heizung, Fenster)
- Investitionsbedarf
- Mieterstruktur
- Lageeinschätzung

Füge zusätzlich aussagekräftige Fotos hinzu sowie eine selbst erstellte Wohnflächenberechnung, falls diese nicht vom Verkäufer oder Makler vorliegt. Wie du eine solche erstellst, hast du im Kapitel „Bewertung der Bausubstanz" bereits gelernt.

Es ist völlig in Ordnung, dass du nicht alle Informationen auf Anhieb perfekt darstellst. Mit der Zeit entwickelst du deine eigene Vorlage, die du stetig verbesserst. Wichtig ist, dass du der Bank alle entscheidungsrelevanten Informationen lieferst, ohne dass Rückfragen nötig sind. Das ist Professionalität.

Kommunikation mit dem Banker – zwischen Selbstbewusstsein und Demut

Wichtig ist dein Auftreten:

- Sei respektvoll, aber bestimmt.
- Tritt nicht als Bittsteller auf.
- Vermeide aber auch die *Check24*-Mentalität, bei der du nur den günstigsten Zins suchst.
- Erkläre dein Anliegen, ohne belehrend zu wirken.

Ein guter Trick, um zu zeigen, dass du weißt, wovon du sprichst, ohne überheblich zu wirken, ist die Frage nach dem Kompetenzrahmen und dem Verhältnis zur Marktfolge. Damit vermittelst du: „Ich verstehe, wie Banken arbeiten." Denn jede Kreditentscheidung wird nicht vom Berater allein getroffen, sondern von der Marktfolge, also der internen Kreditprüfung gegengezeichnet.

Falls du merkst, dass du beim falschen Ansprechpartner gelandet bist, versuche diplomatisch an den nächsthöheren Entscheider zu kommen. „Hänschen" kann manchmal nichts dafür – aber „Hans" kann helfen. Mit etwas Übung wirst du ein Gespür dafür entwickeln, wie du mit wenigen Sätzen zum richtigen Ansprechpartner gelangst.

Unterlagenübermittlung: Flexibilität ist Trumpf

Die Banken haben unterschiedliche Vorstellungen, wie sie Unterlagen erhalten möchten:

- Upload-Portale
- *Dropbox*- oder *Google-Drive*-Links
- E-Mail in mehreren Anhängen (leider immer noch häufig)

Reg dich bitte nicht auf, wenn es altmodisch läuft. Passe dich an und frage aktiv, wie dein Ansprechpartner es am liebsten hätte. Du erleichterst ihm die Arbeit – und das merkt er.

Reiche nur relevante Unterlagen ein. Alles, was nicht für die Entscheidung wichtig ist, lässt du weg. Trotzdem sollte dein Exposé natürlich vollständig sein – also besser selbst die Daten auswerten und strukturiert aufbereiten, statt sie nur als PDF-Anhang „mitzuschicken".

Wahrheit, aber nicht Übertreibung

Du solltest der Bank nichts verschweigen, was wesentlich ist – aber auch nichts erzählen, was zu unnötigen Diskussionen führt. Ein Beispiel: Ein Mieter hat bereits gekündigt, ist aber noch drei Monate in der Wohnung. Das kannst du unterschiedlich darstellen – je nachdem, ob du bereits einen Nachmieter hast oder nicht. Solche Themen sind immer eine Frage der strategischen Kommunikation.

Halte dich an den Grundsatz: Alles, was du sagst, muss wahr sein – aber nicht alles, was wahr ist, musst du sagen. Denn nicht alles, was wahr ist, ist auch relevant. Wenn du Rückfragen von der Bank bekommst, nimm das nicht persönlich, sondern als Feedback, wie du deine Unterlagen verbessern kannst. Dein Ziel sollte es sein, dass beim nächsten Mal keine Rückfragen mehr kommen.

Kleine Übung: Versuch mal, bei *McDonald's* zu bestellen, ohne eine Rückfrage zu bekommen – die meisten scheitern spätestens bei der Frage: Ketchup oder Mayo? Genauso solltest du deine Unterlagen für die Bank so aufbereiten, dass keine Rückfragen entstehen. Und falls doch eine kommt, hast du einen weiteren Ansatzpunkt gefunden, um dein Vorgehen noch weiter zu optimieren.

Parallelbanking statt Ein-Bank-Treue

Viele Investoren setzen zu Beginn auf eine Bank, der sie „treu“ bleiben. Ich habe das früher auch gemacht – bis ich kurz vor dem Notartermin eine Absage bekam, trotz mündlicher Zusage. Seitdem arbeite ich immer mit mehreren Banken parallel – nicht, um Zinsen zu drücken, sondern um Planungssicherheit zu haben. Du kannst das offen kommunizieren – oder es für dich behalten. Wichtig ist, dass du dabei professionell bleibst und nicht als Schnäppchenjäger wirkst.

Checkliste

- ✔ Immer zuerst bei der Hausbank anfragen, aber niemals nur dort.
- ✔ Parallel regional tätige *Volksbanken* und *Sparkassen* kontaktieren.
- ✔ Großbanken meiden, wenn dein Vorhaben nicht standardisiert ist.
- ✔ Vor dem Gespräch telefonisch klären: Ziele erreicht? Kompetenzrahmen?
- ✔ Niemals als Bittsteller auftreten – du bietest eine Investitionschance.
- ✔ Kurzen, professionellen Pitch vorbereiten.
- ✔ Umfassendes Bankexposé erstellen (inkl. Vorstellung, Finanzierungswunsch, Objektinfo).
- ✔ Alle relevanten Unterlagen strukturiert und vollständig einreichen.
- ✔ Fotos und eigene Wohnflächenberechnung beifügen.
- ✔ Nur relevante Infos kommunizieren – nicht unnötig ins Detail gehen.
- ✔ Rückfragen als Feedback nutzen und die Unterlagen verbessern.
- ✔ Immer freundlich, lösungsorientiert und schnell in der Kommunikation sein.
- ✔ Nicht auf eine Bank verlassen – immer mehrere Banken parallel anfragen.
- ✔ Nicht als reiner Zinssucher auftreten – Bedingungen sind oft wichtiger.

- ✔ Eigenverantwortlich denken – nicht die Schuld bei der Bank suchen.
- ✔ Beziehung zum Entscheider pflegen und ansprechbar bleiben.

35

KAPITEL

Die richtige Finanzierung

Eine Frage, die mir sehr häufig gestellt wird, lautet: „Was ist denn die beste Finanzierung?" Die ehrliche Antwort lautet: Es gibt sie nicht. Es gibt nicht die eine Finanzierungsform, die für alle passt. Wie so oft kommt es auf deine individuelle Situation an: dein Einkommen, deine Strategie, deine Risikobereitschaft, deine Erfahrung und dein Anlageziel. Ein Punkt jedoch trifft *immer* zu: Du darfst nie als Bittsteller bei der Bank auftreten.

Wenn du lediglich ein Eigenheim suchst und danach nie wieder eine Immobilie kaufen möchtest, dann kannst du dich ruhig beraten lassen. Die Bank wird dir ein paar Vorschläge unterbreiten, und du wählst aus, was zu deinem Lebensstil passt.

Doch du liest dieses Buch, weil du mehr vorhast. Du möchtest in Immobilien investieren, du möchtest Vermögen aufbauen – und deshalb darfst du nicht darauf hoffen, dass dir die Bank sagt, was du brauchst. Du musst es selbst wissen.

Du bist der Dirigent – nicht der Zuhörer

Wenn du zur Bank gehst, gehst du mit einer klaren Vorstellung:

- Welcher Zinssatz ist für dich tragbar?
- Welche Tilgung willst du fahren?
- Möchtest du eine Tilgungsaussetzung?
- Wie lange soll die Zinsbindung laufen?
- Endfälliges Darlehen oder klassische Annuität?

Ein häufiger Fehler: sich bei der Bank kleinzumachen. Ich kenne das selbst. Bei meiner Hausbank fühle ich mich manchmal immer noch nicht ernst genommen. Da bekomme ich gefühlt ein *Knax*-Heft oder werde gefragt, ob ich ein *Jeans*-Sparbuch möchte. Bei anderen Banken wiederum wird mir der rote Teppich ausgerollt und ich werde gefragt, ob es noch etwas mehr sein darf.

Entscheidend ist nicht nur deine Strategie, sondern auch dein Gegenüber. Du wirst auf Berater treffen, die selbst keine Immobilie besitzen und dir erklären wollen, wie Altersvorsorge geht. Bleib freundlich, aber bestimme das Gespräch. Es steht und fällt am

Ende mit dem Ansprechpartner. Bankmitarbeiter sind schließlich auch nur Menschen. Die wenigsten möchten unnötige Risiken eingehen und sich nicht unnötig vor dem Chef rechtfertigen. Darum sind sie eher die Bedenkenträger. Du brauchst aber eher einen Verkäufer und Lösungsfinder.

Dein Finanzierungsvorschlag auf einen Blick

Ich erstelle für jedes Objekt ein **Factsheet**, in dem ich alle Details übersichtlich darstelle:

- Lage, Objektbeschreibung, Kaufpreis, Mieteinnahmen
- Sanierungskosten
- Mein Finanzierungsvorschlag: Darlehenshöhe, Tilgung, Zinsbindung, evtl. Tilgungsaussetzung
- Zeitplan

So sieht die Bank sofort, dass sie es mit einem professionellen Investor zu tun hat.

Tilgungsmodelle: Endfällig oder annuitätisch?

Die klassische Finanzierung ist ein **Annuitätendarlehen**. Monat für Monat zahlst du die gleiche Summe, bestehend aus Zins und Tilgung. Mit jeder Rate sinkt der Zinsanteil und der Tilgungsanteil steigt.

Es gibt aber auch **endfällige Darlehen**. Dabei zahlst du monatlich nur die Zinsen – und das Darlehen wird am Ende in einem Betrag zurückgezahlt. Der Vorteil: Deine monatliche Rate ist niedriger und du kannst die Zinskosten gleichbleibend steuerlich absetzen.

Aber Achtung: Die Bank verlangt bei endfälligen Darlehen in der Regel ein **Tilgungsersatzprodukt** – etwa einen Bausparvertrag, eine Lebensversicherung oder ein Fondsprodukt. Die Idee: Bis zur Fälligkeit wird hier Kapital aufgebaut, mit dem du das Darlehen dann auf einen Schlag zurückzahlst.

Ich selbst würde nach Möglichkeit bei einer Tilgungsaussetzung am liebsten ein Fondsprodukt wählen anstatt eines Bausparvertrags. Du musst hier zwar mit laufenden Kosten und einem Ausgabeaufschlag rechnen, doch langfristig ist die Rendite in der Regel höher als beim Bausparvertrag und du behältst die Kontrolle. Wichtig ist jedoch, dass du bereit bist, das Risiko zu tragen. Sollten die Kurse zum Ende der Laufzeit im Keller sein, hast du ggf. ein Problem. Daher solltest du hier einen Plan haben. Dies ist folglich kein Modell für die erste Immobilie. Außerdem solltest du stets nachrechnen, wie hoch die Kosten tatsächlich sind und welchen Zinsaufschlag die Bank für so ein Modell verlangt. Vertraue daher nicht auf die Argumente im Bankgespräch, sondern rechne selbst nach.

Ich werde in dem Zusammenhang auch immer wieder gefragt, ob man sein ETF-Depot nicht auch abtreten kann. In der Regel nicht. Die Banken wollen die Wertpapiere dann in ihrem Haus sehen. Das Depot der Hausbank nutzen jedoch die wenigsten und zudem wäre es mir hier auch zu riskant, dass es ggf. zu einem „margin call" kommt. Denn wenn der Kurs deines Depots kurzfristig mal sinken sollte, kann die Bank auf dich zukommen und Zusatzsicherheiten verlangen, wenn es das Depot nicht mehr hergibt. Wir langfristigen Investoren machen uns hier wenig Sorgen, aber ggf. die Bank.

Bausparverträge:
Beliebt – aber wirklich sinnvoll?

Viele Banken werden dir Bausparverträge anbieten – oft mit großem Nachdruck. Für mich persönlich sind Bausparverträge selten sinnvoll. Ich will nicht ausschließen, dass es Ausnahmen gibt, aber ich bin kein Freund davon.

Wichtige Fragen, die du bei einem Bausparvertrag klären musst:

- Wie sicher sind deine Einlagen über 100.000 Euro?
- Wie genau funktioniert die Zuteilung?
- Was passiert, wenn alle gleichzeitig ihr Geld wollen?
- Wie läuft die Bonitätsprüfung ab? Bereits bei Vertragsabschluss oder erst bei Auszahlung?

Denn: Bausparkassen sind Solidargemeinschaften. Und wenn der Topf leer ist, weil alle gleichzeitig ihren Vertrag in Anspruch nehmen wollen – zum Beispiel bei plötzlichem Zinsanstieg – bekommst du im Zweifel dein Darlehen nicht.

Hinzu kommt: Während der Ansparphase gibt es kaum Zinsen, in der Darlehensphase musst du mit sehr niedrigen, aber nicht unbedingt günstigen Zinsen leben – denn du hast während der Ansparphase Opportunitätskosten: Dein Geld hätte besser arbeiten können.

Ich selbst habe in der Vergangenheit auch Bausparverträge abgeschlossen – nicht aus Überzeugung, sondern aufgrund von fehlenden Alternativen und Zeitdruck. Teilweise haben mir diese Verträge eine 110-Prozent-Finanzierung ermöglicht, weil die Bank sich so gegen das Zinsrisiko absichern konnte.

Heute würde ich anders verhandeln: Ich würde sagen: „Wenn es um Zinsrisiken geht, lassen Sie uns die Zinsbindung verlängern, z. B. auf 15 oder 20 Jahre." Denn so ist von Anfang an alles bis zum Ablauf der Zinsbindung geregelt und du musst nicht hoffen, dass deine Bonität noch gegeben ist, wenn du dein Bauspardarlehen in Anspruch nehmen möchtest. Ebenso hast du kein Thema mit Einlagensicherung etc.

Ein weiterer Nachteil von Bauspardarlehen ist die hohe Tilgung. Wenn du ein klassisches Immobiliendarlehen mit ca. zwei Prozent tilgst, so ist die Tilgung beim Bauspardarlehen deutlich höher. Das verschlechtert deine Haushaltsrechnung und nimmt dir Flexibilität.

Sonderbedingungen clever verhandeln

Viele Investoren verhandeln über den Zinssatz, aber vergessen dabei die Bedingungen. Allerdings sind diese oft viel entscheidender:

- Tilgungsaussetzung für 12 - 24 Monate: Du zahlst nur Zinsen und kannst dein Cashflow für Sanierungen oder Rücklagen nutzen.

- Bereitstellungsfreie Zeit: Praktisch, wenn du sanierst und die Bank das Darlehen erst später auszahlt.
- Modernisierungskosten mitfinanzieren: Oft auch ohne Nachweise bis zu einem bestimmten Betrag möglich.

Diese Punkte geben dir Flexibilität – genau das, was du als Investor brauchst.

Achte auf deine Kündigungsrechte

Du hast das Recht, ein Darlehen nach zehn Jahren **ohne Vorfälligkeitsentschädigung** zu kündigen – mit sechs Monaten Kündigungsfrist gemäß § 489 BGB. Dies kann dann interessant sein, wenn deine Finanzierung noch länger laufen würde, die Zinsen aber deutlich gesunken sind. Du hast also wieder eine neue Verhandlungsposition. Aber Vorsicht bei kürzerer Laufzeit oder früherer Rückzahlung: Hier kann die Bank eine Vorfälligkeitsentschädigung verlangen – außer, sie kann das Geld sofort zu besseren Konditionen weiterverleihen.

Denke dennoch langfristig, was die Zusammenarbeit mit deiner Bank angeht, und sei nicht der Rosinenpicker.

Achtung beim Timing des Darlehensvertrags

Ein echter *Kostenfresser*: Du unterschreibst ein Darlehen, aber der Kaufvertrag platzt. Wenn du dann nicht mehr widerrufen kannst, hängst du in einem Vertrag ohne Immobilie – und das kann teuer werden. Denn ohne die Immobilie hat die Bank keine Sicherheit und zahlt dir daher auch nicht das Geld aus. Die Lösung: **Darlehensvertrag erst nach dem Notartermin unterschreiben**, oder so timen, dass du ihn innerhalb der 14-tägigen Widerrufsfrist noch widerrufen kannst.

Ich habe auch schon Objekte *ohne Finanzierung* gekauft und mich danach um das Darlehen gekümmert – aber das ist nichts für Anfänger.

Fazit

Ob du ein Annuitätendarlehen mit zwei Prozent Tilgung wählst, eine endfällige Finanzierung mit ETF-Depot oder eine Tilgungsaussetzung verhandelst – du brauchst immer einen Plan. Lass dir keine Bausparverträge aufschwatzen, wenn sie nicht in dein Konzept passen. Und wenn dir jemand ohne eigene Immobilie erklären will, wie Vermögensaufbau funktioniert – bleib höflich, aber klar. Du weißt, was du brauchst.

Am unkompliziertesten fahre ich bisher mit klassischen Annuitätendarlehen, mit zehn- oder 15-jähriger Zinsbindung. Lass dir hier immer mehrere Angebote geben, aus denen du auswählen kannst.

Checkliste

✔ Niemals als Bittsteller zur Bank gehen.

✔ Gehe mit einem konkreten Finanzierungsvorschlag ins Gespräch.

✔ Erstelle ein übersichtliches Factsheet für die Bank.

✔ Entscheide bewusst zwischen Annuitätendarlehen und endfälliger Finanzierung.

✔ Prüfe Alternativen zu Bausparverträgen, z. B. ETF-Depot als Tilgungsersatz.

✔ Kläre bei Bausparverträgen:

- Einlagensicherung über 100.000 Euro
- Zuteilungsregeln
- Zeitpunkt der Bonitätsprüfung

✔ Beachte Opportunitätskosten bei der Ansparphase.

✔ Verhandle Sonderbedingungen:

- Tilgungsaussetzung
- Bereitstellungsfreie Zeit
- Modernisierungskosten

✔ Nutze ggf. dein Kündigungsrecht nach zehn Jahren Laufzeit.

✔ Achte auf das richtige Timing beim Darlehensvertrag.

✔ Verhandle Bedingungen, nicht nur den Zinssatz.

✔ Streue deine Finanzierungen (Laufzeiten, Modelle).

36

KAPITEL

Vorbereitung Kaufvertrag

Der Erwerb einer Immobilie in Deutschland ist notariell beurkundungspflichtig. Das bedeutet: Ein Kaufvertrag ist nur dann rechtswirksam, wenn er von einem Notar beurkundet wurde. Alle Absprachen außerhalb dieses beurkundeten Vertrags – also etwa Reservierungen oder mündliche Kaufzusagen – haben keine rechtliche Bindung, sofern sie sich auf den eigentlichen Kauf beziehen. Im Klartext: Auch eine unterschriebene Reservierungsvereinbarung ist rechtlich nicht bindend, solange der Kaufvertrag nicht beim Notar unterschrieben wurde. Entsprechend kannst du etwaige Reservierungsgebühren grundsätzlich zurückfordern. Trotzdem solltest du dieses Recht nur im äußersten Notfall nutzen. Wie du im Kapitel zur Eigenverantwortung gelernt hast, zählt dein Wort. Wenn du eine Zusage gibst, dann halte dich auch daran.

Ein häufiger Punkt bei Erstkäufern ist die Unsicherheit bezüglich des Kaufvertragsentwurfs. Manche fragen sich sogar, ob ein Anwalt zur Prüfung hinzugezogen werden sollte. Heute kannst du dir mithilfe moderner Tools wie *ChatGPT* den Kaufvertragsentwurf in kürzester Zeit analysieren lassen. Du bekommst eine einfache Erklärung des Vertrags sowie Hinweise auf Besonderheiten oder Risiken. Trotzdem gilt: Der Notar ist zur Neutralität verpflichtet. Er darf keine Partei bevorzugen und kann nicht gleichzeitig als Notar und als anwaltlicher Vertreter auftreten. Entsprechend kannst du grundsätzlich davon ausgehen, dass der Vertrag juristisch in Ordnung ist – zumindest, wenn du nicht auf sogenannte Mitternachtsnotare triffst, bei denen Käufe zu ungewöhnlichen Zeiten und zu überhöhten Preisen durchgezogen werden. Mit einer soliden Ankaufsprüfung gerätst du aber gar nicht erst in diese Situationen.

Ein Grundsatz beim Kaufvertragsentwurf lautet: Wer die Musik bestellt, bezahlt sie auch. Das heißt: Kommt es nicht zur Beurkundung, trägt diejenige Partei die Kosten des Entwurfs, die den Notar beauftragt hat. Willst du dieses Risiko vermeiden, kannst du den Verkäufer bitten, einen Notar zu beauftragen. In der Praxis wird jedoch der Käufer den Notar beauftragen, da er am Ende auch die Notarkosten trägt. Ich selbst mache es so, dass ich dem Verkäufer anbiete, den Notar auszuwählen. Hat er keine Präferenz, übernehme ich das.

Den Notar beauftrage ich meist per E-Mail. Ich schreibe, dass es um den Kauf einer Eigentumswohnung oder eines Mehrfamilienhauses geht, nenne die Anschrift, ggf. die Grundbuchdaten und bei Wohnungen auch die Verwaltungseinheit. Oft wollen die Notare auch die ungefähre Größe der Immobilie wissen. Zusätzlich sende ich:

- Meine Daten (Anschrift, E-Mail, Telefonnummer, Steuer-ID, Personalausweis-Kopie)
- Die Daten des Verkäufers (inkl. Steuer-ID und Bankverbindung für den Kaufpreis)

Teilweise gibt es ein offizielles Formular, das ausgefüllt werden muss, doch mit vollständigen Daten lässt sich das oft umgehen. Wichtig ist auch die Angabe, ob der Kaufpreis finanziert wird, sowie das Geldwäscheformular. Hast du Sonderwünsche – z. B. zur Fälligkeit des Kaufpreises – solltest du das gleich im ersten Kontakt mit dem Notar ansprechen, um spätere Änderungen zu vermeiden.

Nach der Beurkundung läuft im Hintergrund der sogenannte Vollzug des Kaufvertrags ab. Das bedeutet: Der Kaufpreis wird nicht sofort fällig. Zunächst müssen verschiedene Voraussetzungen erfüllt sein, u. a.:

- Löschung bestehender Grundschulden des Verkäufers oder deren Abtretung.
- Eintragung der Auflassungsvormerkung im Grundbuch (Reservierung der Immobilie für dich, damit der Verkäufer nicht gleichzeitig an jemand anderen verkaufen kann).
- Prüfung des städtischen Vorkaufsrechts.
- Zustimmung der Hausverwaltung (bei Eigentumswohnungen).

Erst, wenn diese Bedingungen erfüllt sind, erklärt der Notar die Kaufpreisfälligkeit. Ab diesem Zeitpunkt hast du meist 14 Tage Zeit, den Kaufpreis zu zahlen, oder bis zu einem vertraglich benannten Fälligkeitstermin. Natürlich kannst du auch sofort überweisen, sobald die Fälligkeit gegeben ist. Falls du finanzierst, koordiniert die Bank mit dem Notar die Zahlung – etwa, indem die Bank direkt einen Teil an die abzulösende Bank und den Rest an den Verkäufer überweist.

Der Verkäufer muss den Zahlungseingang mit einem Kontoauszug belegen. Erst dann wird die Eigentumsumschreibung im Grundbuch angestoßen. Einige Wochen später bekommst du den aktualisierten Grundbuchauszug mit dir als neuem Eigentümer.

Ein Tipp: Der günstigste Weg, an einen aktuellen Grundbuchauszug zu kommen, ist über deinen Notar. Er zieht ihn ohnehin im Kaufprozess und kann dir eine digitale Kopie gegen geringe Gebühr bereitstellen. Alternativ kannst du beim Grundbuchamt für ca. zehn Euro einen Auszug anfordern – allerdings dauert das und du bekommst ihn nur postalisch. Ich bitte daher nach der Eintragung meinen Notar immer um einen PDF-Auszug für meine Unterlagen. Für zukünftige Finanzierungen ist dieser oft hilfreich.

In der Praxis sende ich Banken meist den letzten vorhandenen Grundbuchstand. Wenn sie trotzdem aktuelle Auszüge von allen Objekten fordern, werte ich das als Red Flag – diese Banken finden erfahrungsgemäß auch später Gründe, um eine Finanzierung abzulehnen. In solchen Fällen verzichte ich lieber auf die Zusammenarbeit.

Checkliste

- ✔ Kaufverträge in Deutschland sind notariell beurkundungspflichtig.
- ✔ Reservierungsvereinbarungen sind rechtlich unverbindlich.
- ✔ Notar ist zur Neutralität verpflichtet, keine anwaltliche Beratung.
- ✔ Kaufvertragsprüfung per KI (z. B. *ChatGPT*) möglich.
- ✔ Kosten für Vertragsentwurf trägt der Auftraggeber.
- ✔ Notar kann vom Käufer oder Verkäufer bestimmt werden.
- ✔ Notar benötigt vollständige Käufer- und Verkäuferdaten.
- ✔ Finanzierungs- und Geldwäscheangaben erforderlich.
- ✔ Fälligkeit tritt erst nach Erfüllung aller Bedingungen ein.
- ✔ 14-tägige Zahlungsfrist nach Fälligkeit üblich.
- ✔ Grundschuld wird gelöscht oder abgetreten.
- ✔ Auflassungsvormerkung sichert den Anspruch auf Eigentum.
- ✔ Vorkaufsrecht und Verwalterzustimmung werden geprüft.
- ✔ Kaufpreis wird ggf. anteilig direkt an Bank und Verkäufer überwiesen.
- ✔ Eigentumsumschreibung erfolgt nach Zahlung.
- ✔ Grundbuchauszug kostengünstig über Notar erhältlich.
- ✔ Aktuelle Auszüge für Finanzierung nur auf Nachfrage notwendig.
- ✔ Banken mit überzogenen Anforderungen meiden.

37

KAPITEL

Wie du deinen Kaufvertrag pimpst

Wie du im vorherigen Kapitel gelernt hast, ist der Notar zur Neutralität verpflichtet. Dennoch gibt es eine ganze Reihe an Möglichkeiten, den Kaufvertrag so zu gestalten, dass dir als Käufer gewisse Vorteile entstehen – ohne dass dem Verkäufer dadurch ein Nachteil entsteht. Wichtig: Ich zeige dir hier nur Optionen auf. Das heißt nicht, dass du sie alle gleichzeitig anwenden musst.

Wenn du z. B. Fix & Flip betreibst, also eine Immobilie kaufst, sanierst und schnell wieder verkaufst, kann es sinnvoll sein, bereits direkt nach der Beurkundung die Schlüssel zu erhalten. Dabei musst du dir allerdings bewusst sein: Ab dem Moment trägst du das volle Risiko. Wenn du also z. B. versehentlich eine Wasserleitung beschädigst, haftest du auch dafür. Dieses Risiko besteht später ohnehin – aber viele Verkäufer sehen das kritisch, da sie dann den Ärger mit der Versicherung haben. Ich habe daher oft eine mündliche Zusage zur Schlüsselübergabe eingeholt. Die Körpersprache des Verkäufers sagt mir meist schon, ob ich mich darauf verlassen kann. Wenn möglich, lasse ich es aber auch schriftlich im Vertrag fixieren.

Ein weiterer Trick ist, den Fälligkeitszeitpunkt des Kaufpreises weit in die Zukunft zu schieben. So kannst du unter Umständen noch vor dem rechtlichen Eigentumsübergang Sanierungsmaßnahmen durchführen. Der steuerliche Vorteil: Aufwendungen vor Übergang von Nutzen und Lasten können in vielen Fällen sofort als Werbungskosten abgesetzt werden – statt über Jahre hinweg als Herstellungskosten abgeschrieben zu werden. Zwar verlierst du steuerlich nichts, wenn du abschreibst – aber in der Praxis ist es meist günstiger, höhere Kosten sofort geltend zu machen. Wenn du die Immobilie zudem frühzeitig wieder verkaufst, verlierst du sonst das Abschreibungsvolumen, das du noch gar nicht genutzt hast. Ein kleiner Hack also: Nach spätestens zehn Jahren sollte die Immobilie den Eigentümer wechseln – nicht unbedingt aus der Familie, aber auf dem Papier.

Was viele überrascht: Manchmal trägt der Verkäufer auch die Kaufnebenkosten. Ich werde oft gefragt, wie ich das hinbekomme. Die ehrliche Antwort: Ich habe einfach gefragt – und ein *Ja* bekommen. Die Umsetzung ist denkbar einfach: Der Notar hält im Vertrag fest, dass der Verkäufer sämtliche Nebenkosten übernimmt. Das solltest du aber im Vorfeld unbedingt mit deiner finanzierenden Bank absprechen. Denn der Notar schickt den Vertrag automatisch an die Bank – und wenn sie erst im Nachhinein davon erfährt, kann das zu Problemen führen. Ganz wichtig: Auch wenn der Verkäufer sich verpflichtet, die Grunderwerbsteuer zu zahlen, haftet ihr gesamtschuldnerisch. Das heißt: Kommt er seiner Pflicht nicht nach, klopft das Finanzamt bei dir an.

Ein besonders wirkungsvoller Hebel ist die Aufteilung des Kaufpreises. Nur das Gebäude ist abschreibungsfähig – nicht das Grundstück. Investoren versuchen daher, den Gebäudeanteil möglichst hoch anzusetzen. Als Faustformel gelten 80 Prozent für das Gebäude, 20 Prozent für das Grundstück. Doch diese Verteilung solltest du nicht einfach übernehmen. Das Bundesfinanzministerium stellt eine *Excel*-Arbeitshilfe zur Verfügung, mit der du auf Basis des Bodenrichtwerts und einiger Gebäudedaten eine realistische Aufteilung berechnen kannst. Wichtig: Diese Arbeitshilfe ist nicht bindend. Du kannst also einen abweichenden, aber plausiblen Vorschlag machen.

Ich gehe dabei so vor, dass ich – bei sehr großen Grundstücken – nur einen Teil der Fläche mit dem vollen Bodenrichtwert ansetze. Der übrige Teil, z. B. der hintere Gartenbereich, wird mit einem Viertel des Bodenrichtwerts bewertet. So habe ich schon Aufteilungen von 95 Prozent Gebäude zu 5 Prozent Grundstück durchbekommen – ohne Beanstandung vom Finanzamt. Bei einem Kaufpreis von 100.000 Euro würde der Notar dann festhalten: 95.000 Euro für das Gebäude, 5.000 Euro für das Grundstück. Unaufgeregt und effektiv.

Aber Achtung: Es gibt einen Zielkonflikt. Bei der Kaufpreisaufteilung willst du dem Finanzamt zeigen, dass das Gebäude möglichst viel wert ist. Gleichzeitig versuchen manche Investoren, mithilfe eines sogenannten Restnutzungsdauergutachtens die Abschreibungsdauer zu verkürzen – also das Gebäude steuerlich schneller abzuschreiben. Dabei muss der Zustand des Gebäudes möglichst schlecht dargestellt werden. Das widerspricht sich natürlich: Entweder ist das Gebäude viel wert oder es ist kaum noch nutzbar. Übertreibe es daher auf keiner Seite und suche dir im Zweifel einen erfahrenen, zertifizierten Gutachter.

Beachte auch, welche Zertifizierung das Gutachten haben muss, ob eine Vor-Ort-Besichtigung erforderlich ist und was die aktuelle Rechtsprechung dazu sagt. Gutachten werden derzeit vermehrt vom Finanzamt abgelehnt – oft ohne nachvollziehbare Begründung. Wenn du sicher bist, dass dein Gutachten alle Anforderungen erfüllt, solltest du dich nicht scheuen, den Klageweg zu gehen. Das Finanzgericht urteilt in solchen Fällen oft zugunsten des Steuerpflichtigen. Prüfe dazu am besten aktuelle *BFH*-Schreiben oder Urteile vom Finanzgericht zum Thema Restnutzungsdauer.

Eine verkürzte Abschreibung wird von vielen unterschätzt. Je nach Gutachten kannst du deine Abschreibung verdoppeln oder sogar verdreifachen – und das bei überschaubaren Kosten. Ein qualifiziertes Gutachten kostet etwa 1.000 Euro und kann dir jedes Jahr eine vierstellige Steuerersparnis bringen. Du hast die Investition also in kürzester Zeit wieder raus.

Ein weiterer Punkt: „Gekauft wie gesehen" ist bei Immobilienverträgen der Standard. Ich nutze das nicht immer, aber in manchen Fällen kann es hilfreich sein, bestimmte Dinge im Vertrag konkret festzuhalten – z. B., dass Mieten regelmäßig eingehen oder wie hoch die Kaltmieten sind. Die Wohnfläche hingegen wird ungern im Vertrag fixiert, da viele Verkäufer wissen, dass zu viel angegeben wurde und sie keine rechtliche Verantwortung dafür übernehmen wollen. Ziel solcher Formulierungen wäre es, bei Abweichungen eine Kaufpreisminderung durchzusetzen. Ich selbst habe das bisher nie nötig gehabt – und hoffe, dass es auch dir erspart bleibt. Aber wenn jemand falsche Angaben macht, möchte ich nicht auf dem Schaden sitzen bleiben.

Hausgeld bei Eigentumswohnungen – was du wissen musst

Wenn du nicht gerade ein ganzes Mehrfamilienhaus, sondern eine einzelne Eigentumswohnung gekauft hast, gibt es noch einen wichtigen Punkt, den du auf dem Schirm haben solltest: das sogenannte Hausgeld. Im Gegensatz zu einem Mehrfamilienhaus, bei dem du als Eigentümer selbst für alle Kosten verantwortlich bist, zahlst du bei einer Eigentumswohnung regelmäßig Hausgeld an die Hausverwaltung. Das Hausgeld deckt die laufenden gemeinschaftlichen Kosten ab – etwa für Hausmeister, Treppenhausreinigung, Gartenpflege, Instandhaltungsrücklagen oder Versicherungen.

Und jetzt kommt die spannende Frage: Ab wann bist du eigentlich verpflichtet, das Hausgeld zu zahlen? In der Praxis gibt es hier zwei gängige Regelungen:

1. Ab dem Tag der Kaufpreiszahlung
2. Ab dem Tag der Umschreibung im Grundbuch

Welche Variante zur Anwendung kommt, ist Verhandlungssache – oder ergibt sich aus dem Kaufvertrag. Deshalb ist es extrem wichtig, vor dem Notartermin zu klären, welche Regelung im Vertrag stehen wird. Es gibt hier kein „richtig" oder „falsch", sondern nur das, was du und der Verkäufer gemeinsam vereinbart habt. Mein Tipp: Sprich dieses Thema aktiv an.

Es gibt Verkäufer, die bestehen auf der Übergabe ab Kaufpreiszahlung – andere wollen bis zur Umschreibung im Grundbuch selbst zahlen. Je nachdem, wie lange der Prozess beim Grundbuchamt dauert, kann es hier um mehrere Monate und damit um mehrere 100 Euro gehen.

Ich persönlich habe mir angewöhnt, nicht kleinlich zu sein. Ich schaue nicht, wie ich am meisten profitiere oder wo ich noch ein paar Euro rausholen kann. Für mich gilt: Ich komme dem Verkäufer in fast allen Punkten gerne entgegen – außer beim Kaufpreis. Denn hier geht es ums große Ganze. Das ist für mich die entscheidende Stellschraube – nicht die Frage, wer jetzt noch 300 Euro Hausgeld übernimmt oder nicht.

Natürlich solltest du dich nicht ausnutzen lassen. Aber ich habe die Erfahrung gemacht, dass es für beide Seiten oft deutlich entspannter ist, wenn man nicht auf jeder Kleinigkeit besteht. So entsteht ein reibungsloser Ablauf – und nicht selten führt genau diese Haltung dazu, dass sich Verkäufer später auf andere Weise erkenntlich zeigen.

Wichtig ist nur: Kläre solche Dinge im Vorfeld – und halte die Vereinbarung eindeutig im Kaufvertrag fest, damit es im Nachhinein keinen Streit gibt.

Checkliste

- ✔ Prüfe, ob du direkt nach der Beurkundung die Schlüssel erhalten kannst – insbesondere für Fix & Flip interessant.
- ✔ Sei dir bewusst: Früher Zugang = volles Risiko, z. B. bei Schäden durch dich oder Dritte.
- ✔ Versuche, den Fälligkeitszeitpunkt des Kaufpreises möglichst weit nach hinten zu verlagern, wenn es dir in die Karten spielt.
- ✔ Sanierungen vor Übergang von Nutzen und Lasten können steuerlich als Werbungskosten sofort abgesetzt werden.
- ✔ Frage den Verkäufer aktiv, ob er bereit ist, die Kaufnebenkosten zu übernehmen – manchmal reicht einfach nur die Frage.
- ✔ Kläre vorher mit der Bank, ob eine solche Regelung finanzierungstechnisch unproblematisch ist.
- ✔ Bedenke: Bei der Grunderwerbsteuer haftet ihr gesamtschuldnerisch – notfalls zahlst du, wenn der Verkäufer nicht zahlt.
- ✔ Achte auf eine vorteilhafte Aufteilung des Kaufpreises: möglichst hoher Gebäudeanteil für maximale Abschreibung.
- ✔ Nutze die *Excel*-Arbeitshilfe des BMF zur Ermittlung einer plausiblen Kaufpreisaufteilung – oder einen eigenen Vorschlag.
- ✔ Ziehe bei Bedarf einen zertifizierten Gutachter hinzu – besonders bei großen Grundstücken oder niedriger Restnutzungsdauer.
- ✔ Achte bei einem Restnutzungsdauergutachten auf Konsistenz: kein Zielkonflikt zwischen hoher Gebäudequalität und kurzer Nutzungsdauer.

- ✔ Kläre vorab, ob eine Vor-Ort-Besichtigung notwendig ist und welche Zertifikate dein Gutachter mitbringen muss.
- ✔ Überlege, ob du gewisse Punkte im Vertrag schriftlich fixieren möchtest, z. B. aktuelle Miethöhen oder Zahlungseingänge.
- ✔ Nimm Wohnflächenangaben im Vertrag auf, wenn du dir nicht zu 100 Prozent sicher bist – Verkäufer übernehmen dafür selten Verantwortung.
- ✔ Bei Eigentumswohnungen: Kläre schriftlich, ab wann du Hausgeld zahlst – ab Kaufpreiszahlung oder Grundbucheintrag.
- ✔ Sei fair in kleinen Fragen – konzentriere dich auf die großen Hebel wie Kaufpreis und steuerliche Gestaltungsspielräume.

38

KAPITEL

Objektübergabe

Kurz nach der Beurkundung beim Notar erhältst du Post vom Gutachterausschuss. Der Notar ist verpflichtet, deine Kopie des Kaufvertrags dorthin zu schicken. Du wirst aufgefordert, Angaben zum Objekt zu machen, da du dazu verpflichtet bist. Falls du das nicht tust, passiert auch nichts. Hebe die Dokumente daher am besten auf oder schicke das ausgefüllte Formular zurück, wenn es dir damit besser geht. Hintergrund ist, dass der Gutachterausschuss die Kaufpreise und weitere Daten heranzieht, um hieraus den Grundstücksmarktbericht zu erstellen. Da ich immer sehr günstig eingekauft habe, war es nicht in meinem Interesse, den Durchschnitt zu senken.

Mit der Zahlung des Kaufpreises erfolgt in der Regel der sogenannte „Übergang von Nutzen und Lasten". Das bedeutet, du erhältst ab diesem Zeitpunkt sämtliche wirtschaftlichen Rechte und Pflichten der Immobilie: Du bist berechtigt, die Mieten zu vereinnahmen, musst im Gegenzug aber auch für sämtliche laufenden Kosten und Risiken aufkommen. Der rechtliche Eigentumsübergang, also die Eintragung ins Grundbuch, erfolgt hingegen meist erst Wochen oder Monate später.

Trotzdem kannst du dich direkt nach der Kaufpreiszahlung mit dem Verkäufer zur Objektübergabe treffen – sofern dies nicht bereits im Vorfeld geschehen ist. Dabei geht es in erster Linie um die Schlüsselübergabe und die Erfassung wichtiger Daten. Es empfiehlt sich, die Zählerstände für Strom, Wasser, Gas oder Fernwärme zu dokumentieren. Verfügt die Immobilie über eine Ölheizung, solltest du auch den Tankinhalt festhalten, falls möglich. Meine Devise: Haben ist besser als brauchen. Auch wenn du viele dieser Informationen später vielleicht nicht mehr brauchst – in der Praxis können sie dir helfen, spätere Unklarheiten zu vermeiden. Ich persönlich gehe die Übergabe oft locker an. Häufig ist der Verkäufer gar nicht mehr vor Ort, und ich schicke ihm einfach Fotos der Zähler per *WhatsApp*. Das hat bislang immer gut funktioniert.

Beachte: Wenn im Vertrag nichts anderes geregelt ist, bist du für die Betriebskostenabrechnung des laufenden Jahres zuständig. Mit den Zählerständen kannst du genauer berechnen, ob der Verkäufer dir anteilige Kosten zurückerstatten muss – oder umgekehrt. Manche Versorger, wie etwa mein Wasserversorger, sehen keine offizielle Zwischenabrechnung vor. In solchen Fällen sind eigene Aufzeichnungen Gold wert.

Kaufst du ein Mehrfamilienhaus, musst du in der Regel neue Versorgerverträge abschließen – insbesondere für Wasser, Gas oder Strom. Diese Verträge laufen meist auf den Namen des Eigentümers, nicht des Mieters. Es empfiehlt sich, frühzeitig mit dem Verkäufer zu klären, dass er die bestehenden Verträge kündigt und du rechtzeitig neue Anbieter beauftragst. Ich selbst habe z. B. schon mal einen Gasvertrag über *Payback* abgeschlossen und dabei Punkte gesammelt. Diesbezüglich ist es wichtig, nicht nur auf den günstigsten Tarif zu achten. Während der Ukraine-Krise wurden viele Verträge von kleinen Billiganbietern einfach gekündigt – meine teureren Verträge bei *E.ON* liefen hingegen stabil weiter. Mein Fazit: Stabilität geht vor dem letzten Cent Ersparnis.

Auch die Übergabe der Mieterunterlagen ist ein wichtiger Punkt. Für eine korrekte Betriebskostenabrechnung benötigst du die bestehenden Abrechnungen, um zu sehen, was bislang umgelegt wurde – und was vertraglich zulässig ist. Denn du darfst nur Kosten abrechnen, die im Mietvertrag vorgesehen sind. Zwar zahlen viele Mieter Positionen, die gar nicht vereinbart sind, einfach aus Unwissenheit, aber du solltest dich darauf nicht verlassen. Ein solider Mietvertrag mit flexibler Formulierung zu den Nebenkosten ist daher ein echtes Plus.

Wichtig zu wissen: Ein Immobilienkauf bricht kein bestehendes Mietverhältnis. Du trittst automatisch in die bestehenden Mietverträge ein. Änderungen oder Ergänzungen sind nicht ohne Weiteres möglich. Auch eine zusätzliche Kaution darfst du nicht verlangen. Idealerweise lässt du dir die bestehende Mietkaution vom Verkäufer abtreten. Rechtlich gesehen gehört die Kaution nämlich dem Mieter und darf vom Verkäufer nur mit dessen Zustimmung übertragen werden. In der Praxis wird diese Zustimmung selten eingeholt – ich selbst habe es bislang auch immer formlos geregelt – dennoch solltest du die rechtliche Lage kennen.

Sobald du die Kaution übernimmst, musst du sie getrennt von deinem Privatvermögen aufbewahren, z. B. auf einem Kautionskonto.

Zwar drohen bei Verstößen in Deutschland keine unmittelbaren Strafen – solange du die Kaution im Ernstfall auszahlen kannst –, doch es gibt auch hier Risiken. Ich habe von einem Fall gehört, in dem ein Vermieter die Kaution in Aktien investierte. Diese hatten sich über die Jahre vervielfacht – doch vor Gericht musste er nicht nur die Kaution, sondern auch die erzielten Gewinne an den Mieter auszahlen. Wer also clever wirtschaftet, sollte dennoch kein unnötiges Risiko eingehen.

Ein weiterer Punkt, den du mit dem Verkäufer im Vorfeld klären kannst: die Information der Mieter über den Eigentümerwechsel. Denn leider kommt es immer wieder vor, dass Betrüger sich als neue Vermieter ausgeben, um Mietzahlungen auf eigene Konten umzuleiten. Du solltest daher für maximale Transparenz sorgen. Idealerweise informiert der Verkäufer die Mieter selbst über den Eigentümerwechsel, du stellst dich persönlich vor oder verweist zumindest auf die Zusammenarbeit mit dem bisherigen Eigentümer.

Nutze die Übergabe auch, um dich mit den Gegebenheiten im Haus vertraut zu machen. Gibt es einen Putzdienst? Wer bringt die Mülltonnen raus? Welche Telefonnummern sind im Notfall wichtig? Mein Motto: Wenn es brennt, kann ich auch nicht mehr tun als die Feuerwehr – also direkt anrufen!

Früher oder später bekommst du ihn – den letzten Brief vom Notar. Ein unscheinbares Schreiben vielleicht, aber mit großer Bedeutung. Denn in diesem Moment wirst du ganz offiziell zum Eigentümer deiner Immobilie. Die Eintragung ins Grundbuch ist damit abgeschlossen – dein Name steht nun dort, wo bisher der des Verkäufers stand. Ab diesem Zeitpunkt gibt es keine Zweifel mehr: Du bist der neue Eigentümer, mit allen Rechten – aber eben auch mit allen Pflichten.

Eine dieser Pflichten betrifft die Gebäudeversicherung. Und genau hier ergibt sich für dich eine oft übersehene, aber durchaus interessante Möglichkeit: Mit dem Tag der Grundbucheintragung hast du ein Sonderkündigungsrecht. Das bedeutet, dass du die bestehende Gebäudeversicherung, die der Vorbesitzer abgeschlossen hat, außerordentlich kündigen darfst – und das unabhängig von der sonst üblichen Laufzeit. Das klingt erst einmal unspektakulär, kann dir aber bares Geld sparen oder im besten Fall sogar deutlich bessere Leistungen bringen. Voraussetzung ist natürlich, dass du die Immobilie als Ganzes gekauft hast – also ein Einfamilienhaus oder ein Mehrfamilienhaus. In diesen Fällen liegt es nämlich in deiner Hand, die passende Versicherung auszuwählen.

Etwas anders sieht es bei Eigentumswohnungen aus. Hier ist meist die Hausverwaltung zuständig – und auch Vertragspartnerin der Gebäudeversicherung. Als einzelner Wohnungseigentümer hast du in der Regel keinen direkten Einfluss auf die Auswahl oder Konditionen der Versicherung. Aber: Auch hier lohnt sich ein genauer Blick. Wenn du das Gefühl hast, dass Preis und Leistung nicht in einem angemessenen Verhältnis stehen, kannst du dich bei der nächsten Eigentümerversammlung einbringen. Sprich das Thema offen an, informiere dich vorher über alternative Anbieter – und versuche, die anderen Eigentümer für einen möglichen Wechsel zu sensibilisieren.

Gerade bei älteren Bestandsobjekten kann es sein, dass die Gebäudeversicherung nie angepasst wurde – weder im Preis noch im Leistungsumfang. Und im Schadensfall kann das unangenehme Folgen haben. Deshalb mein Tipp: Auch wenn du als Wohnungseigentümer die Versicherung nicht selbst auswählen kannst, solltest du zumindest wissen, welche Police besteht und was sie genau abdeckt. Du wirst überrascht sein, wie viele gar nicht wissen, was ihre Gebäudeversicherung tatsächlich leistet – oder eben nicht.

Wenn du ein ganzes Haus gekauft hast, gibt dir das Sonderkündigungsrecht nach Grundbucheintrag also die Chance, die Verantwortung für den Versicherungsschutz direkt selbst zu übernehmen – so, wie es für eine gute Eigentümerin oder einen guten Eigentümer auch selbstverständlich sein sollte. Mach dir bewusst: Eine gute Versicherung schützt nicht nur dein Gebäude, sondern auch deine finanzielle Zukunft.

Und wie bei vielen Dingen im Immobilienbereich gilt auch hier: Du musst nicht sofort handeln. Aber du solltest vorbereitet sein. Leg dir am besten direkt nach Erhalt des Schreibens vom Notar eine Wiedervorlage an, um die bestehende Versicherung zu prüfen.

Und: Hol dir mindestens zwei Vergleichsangebote ein – nicht nur für den Preis, sondern vor allem für den Leistungsumfang.

Gerade bei Mehrfamilienhäusern kann ein guter Versicherungsschutz im Schadensfall über 1.000 oder sogar 10.000 Euro entscheiden. Und wenn du diese Verantwortung einmal übernommen hast, wirst du merken: Auch das ist ein Teil von professionellem Eigentum.

Checkliste

- ✔ Zeitpunkt des Übergangs von Nutzen und Lasten klären (meist mit Kaufpreiszahlung).
- ✔ Schlüsselübergabe mit dem Verkäufer abstimmen.
- ✔ Alle Zählerstände dokumentieren (Strom, Wasser, Gas, Fernwärme, ggf. Öl).
- ✔ Zählerstände ggf. per Foto an den Verkäufer übermitteln.
- ✔ Neue Versorgerverträge abschließen (Wasser, Gas, Strom, etc.).
- ✔ Verkäufer zur Kündigung bestehender Verträge auffordern.
- ✔ Auf Stabilität der Energieanbieter achten, nicht nur auf den Preis.
- ✔ Unterlagen für Betriebskostenabrechnung vom Verkäufer einfordern.
- ✔ Letzte Betriebskostenabrechnung prüfen.
- ✔ Vertraglich zulässige Nebenkosten im Mietvertrag kontrollieren.
- ✔ Mieter über Eigentümerwechsel informieren (persönlich oder durch Verkäufer).
- ✔ Kautionsübergabe mit Verkäufer klären (rechtlich mit Zustimmung des Mieters).
- ✔ Kaution auf separatem Konto verwahren.
- ✔ Keine zusätzlichen Kautionen verlangen.
- ✔ Hinweise im Haus prüfen (z. B. Mülltonnendienst, Putzplan, Notrufnummern).

- ✔ Ansprechpartner für Notfälle organisieren oder aushängen.
- ✔ Nach Eintragung als Eigentümer Sonderkündigungsrecht für Gebäudeversicherung prüfen (nicht bei Eigentumswohnungen).

39

KAPITEL

Organisation

Du hast nun hoffentlich dein erstes Objekt gekauft – und vermutlich eine Menge Chaos angerichtet. So war es zumindest bei mir. Nach den ersten Käufen stapelten sich bei mir die Unterlagen, gescannte Dokumente waren quer verteilt, und von einer einheitlichen Struktur keine Spur. Ich kann dir daher nur raten, die korrekte und strukturierte Ablage deiner Unterlagen nicht auf die lange Bank zu schieben, sondern so früh wie möglich umzusetzen – idealerweise sofort nach dem Kauf. Es spart dir langfristig nicht nur Zeit, sondern auch Nerven.

Am sinnvollsten ist aus meiner Sicht eine digitale Lösung – und zwar in der Cloud. Welchen Anbieter du nutzt, ist letztlich Geschmackssache. Ob *Dropbox*, *Google Drive*, *OneDrive* oder ein anderer – entscheidend ist, dass du ortsunabhängig Zugriff auf deine Unterlagen hast und sie nicht verloren gehen, wenn dein Computer einmal „abraucht" – in welcher Hinsicht auch immer. Ein Hausbrand, ein Einbruch oder ein technischer Defekt reichen aus, um wichtige Dokumente unwiederbringlich zu verlieren. Eine Cloudlösung schützt dich davor.

Hinzu kommt: Für zukünftige Finanzierungen brauchst du ohnehin deine Unterlagen schnell zur Hand. Ich habe meine Struktur so aufgebaut, dass ich jederzeit, von überall auf der Welt, mit Internetzugang innerhalb von Sekunden auf alle relevanten Dokumente zugreifen kann – egal ob Grundbuchauszug, Bankverbindung oder Steuer-ID. Das wirkt nicht nur professionell, sondern spart dir im Alltag enorm viel Zeit.

Meine Empfehlung: Lege dir einen zentralen Immobilienordner an, in dem du deine Bestandsobjekte sowie Objekte im Ankauf oder zur Prüfung sauber getrennt ablegst. Innerhalb dieses Hauptordners kannst du je nach Vorliebe unterschiedliche Strukturen nutzen. Für mich haben sich zwei Modelle bewährt:

1. Modell: Ein Ordner pro Objekt. In diesem befinden sich dann alle relevanten Unterlagen – also Kaufvertrag, Grundbuch, Fotos, Rechnungen, Mietverträge etc.

2. Modell: Ein Ordner pro Dokumentenart. Also etwa ein Ordner für alle Grundbuchauszüge, ein weiterer für alle Energieausweise, einer für Wohnflächenberechnungen usw. Manche Banker bevorzugen diese Struktur, weil sie schneller auf bestimmte Unterlagen zugreifen können.

Welche Struktur du wählst, ist letztlich dir überlassen – wichtig ist nur: Sie muss für dich logisch sein und durchgängig angewendet werden.

Ein zentraler Punkt, egal welches Modell du wählst: die Bezeichnung deiner Dateien. Ich selbst schreibe bei Rechnungen das Datum im Format *Jahr-Monat-Tag* (z. B. *2025-02-01*) vor den eigentlichen Dateinamen. Danach folgt eine kurze Beschreibung, z. B. *Hornbach*-Schrauben. So sehe ich auf einen Blick, wann die Rechnung entstanden ist und was gekauft wurde – besonders praktisch bei Steuerfragen oder Nachfragen vom Steuerberater.

Im Alltag mag das übertrieben wirken, doch es ist immer wieder vorgekommen, dass ich im Nachhinein bestimmte Rechnungen suchen musste – und sie so in Sekundenschnelle gefunden habe. Oft reicht es, sich grob zu erinnern, was man an dem Tag gekauft hat.

Wenn du mehrere Objekte hast, solltest du zusätzlich eine Objektübersicht führen. Ich nummeriere meine Immobilien z. B. mit Kürzeln wie *MFH01* (für Mehrfamilienhaus 1), *ETW02* (für Eigentumswohnung 2) etc. In den Dateinamen verwende ich diese Kürzel ebenfalls, z. B. *MFH01_Grundbuchblatt.pdf*. So lässt sich alles eindeutig zuordnen.

Ebenso solltest du deinen gesamten Schriftverkehr archivieren – egal ob Mails mit dem Makler, Schreiben vom Notar oder Kommunikation mit der Hausverwaltung. Ich nutze dafür Scanner-Apps wie *Genius Scan*. Die Standardversion reicht vollkommen. Zwar kannst du Dokumente darin nicht direkt teilen, aber auf dem *iPhone* lässt sich über die Teilen-Funktion das PDF ganz einfach per Mail oder *WhatsApp* versenden.

Ein Vorteil von *Genius Scan* ist: Du kannst mehrseitige PDFs nach und nach erstellen. Wenn du z. B. für ein Objekt alle Nebenkostenbelege in einem Dokument sammelst, kannst du jeden neuen Beleg einfach zur bestehenden Datei hinzufügen – ohne zig Einzeldokumente zu erzeugen. Genau so verfahre ich bei Werbungskosten, etwa für Renovierungen: Pro Jahr und Objekt gibt es eine Datei, die ich laufend aktualisiere.

Wenn du viele Seiten auf einmal einscannen willst, empfehle ich dir einen richtigen Scanner. Ich habe mir einen *Fujitsu ScanSnap iX1600* zugelegt – und ja, sogar in Schwarz, weil ich es edel haben wollte. Ich war ehrlich gesagt schockiert, wie teuer Scanner im Jahr 2025 noch sein können – aber: Der Kauf hat sich gelohnt. Das Gerät scannt doppelseitig, blendet leere Seiten aus und verarbeitet auch lange Kassenbons von *IKEA* oder *Hornbach* problemlos – sofern man die passende Einstellung findet.

Mit einer sauberen und durchdachten Struktur bist du deinen Mitbewerbern einen großen Schritt voraus. Du sparst Zeit bei jedem neuen Deal, überzeugst deine Bank mit Professionalität und findest deine Unterlagen im Zweifel schneller als dein Steuerberater. Organisation ist kein Selbstzweck – sie ist ein echter Wettbewerbsvorteil.

Checkliste

- ✔ Cloudlösung wählen (z. B. *Google Drive*, *Dropbox*, *One-Drive*).
- ✔ Hauptordner für Immobilien anlegen.
- ✔ Struktur wählen: Ordner pro Objekt oder pro Dokumentenart.
- ✔ Einheitliche Dateibenennung nutzen (z. B. 2025-02-01-*Hornbach*-Schrauben.pdf).
- ✔ Objektübersicht anlegen mit Kürzeln (z. B. MFH01, ETW02).
- ✔ Schriftverkehr konsequent archivieren.
- ✔ Scanner-App wie *Genius Scan* für Einzeldokumente nutzen.
- ✔ Dokumente zu Sammeldateien (z. B. Werbungskosten) zusammenfassen.
- ✔ Für größere Mengen: Anschaffung eines leistungsfähigen Scanners (z. B. *Fujitsu ScanSnap iX1600*).
- ✔ Längere Kassenbons mit passenden Scan-Einstellungen digitalisieren.
- ✔ Dateien regelmäßig sichern und ggf. in der Cloud spiegeln.

40

KAPITEL

Skalierung

Skalierung ist eines der am häufigsten genannten Ziele, wenn ich Teilnehmer in meinen Workshops frage, was sie mit Immobilieninvestments erreichen möchten. Doch was genau bedeutet Skalierung eigentlich? Es geht nicht nur darum, mehr Immobilien zu kaufen, sondern den Sprung von der Einzelwohnung hin zu größeren Einheiten zu schaffen – etwa durch den Erwerb von Wohnungspaketen, Mehrfamilienhäusern oder sogar ganzen Wohnanlagen. Der Weg dorthin ist jedoch weniger eine Frage der Technik oder des Geldes, sondern vielmehr eine Frage des Mindsets, der Strukturen und der konsequenten Umsetzung.

Ein großes Hindernis ist oftmals der Kopf des Investors selbst. Viele Menschen haben sich mental an Wohnungspreise zwischen 100.000 und 300.000 Euro gewöhnt – der Gedanke, plötzlich ein Objekt für eine Million Euro oder mehr zu kaufen, fühlt sich beängstigend an. Dabei ist die Ankaufsprüfung für ein großes Objekt häufig sogar einfacher: Du brauchst keine Teilungserklärung zu lesen, musst keine Eigentümerversammlungsprotokolle durchforsten und hast in der Regel Zugang zu allen Einheiten, da sie zu einem Eigentümer gehören.

Auch Banken bewerten größere Finanzierungen oft positiver, da sich der Prüfaufwand für sie kaum unterscheidet – ob du eine Wohnung finanzierst oder ein Mehrfamilienhaus. Der Aufwand für die Bank bleibt gleich, die Marge ist aber höher. Du solltest also keine Angst davor haben, größere Summen zu bewegen, solange die Zahlen stimmen. Wichtig ist nur, dass du liquide genug bist, um anfangs mögliche Anlaufschwierigkeiten zu überbrücken, etwa wenn Mieter die Miete versehentlich noch an den Vorbesitzer überweisen. Du solltest in jedem Fall in der Lage sein, die Bankrate auch ohne Mieteinnahmen zu zahlen – mindestens für ein paar Monate.

Teile deinen Wachstumskurs auch deinem Umfeld mit – insbesondere Maklern, Banken und anderen Investoren. Wenn du nur nach Eigentumswohnungen fragst, wirst du auch nur Eigentumswohnungen angeboten bekommen. Wenn du aber klar kommunizierst, dass du auch an größeren Objekten interessiert bist, werden dir auch solche angeboten. Voraussetzung ist natürlich, dass deine Strukturen mitwachsen. Du kannst nicht dauerhaft jede Mieteranfrage selbst beantworten und jede Betriebskostenabrechnung selbst erstellen. Ab einer gewissen Größe brauchst du eine Hausverwaltung – und eventuell auch personelle Unterstützung, ob als Teilzeitkraft, als Minijobber oder als Partner.

Eine gute Faustregel, die ich von einem befreundeten Investor übernommen habe, lautet: „Wenn du diesen Deal nicht zehnmal kaufen würdest, warum willst du ihn überhaupt einmal kaufen?" Prüfe also bei jedem Objekt, ob du dieses Objekt auch zehnmal besitzen wollen würdest – von der Lage über die Mieterstruktur bis zu den technischen Gegebenheiten. Skalierung bedeutet auch: Prozesse standardisieren. Und genau das kannst du nur, wenn die Objekte vergleichbar sind und du nicht jedes Mal bei null anfangen musst.

Ein häufig übersehener Punkt ist der Umgang mit der eigenen Zeit. Es bringt dir nichts, wenn du den Wasserhahn selbst austauschst oder mit dem Schraubdreher im Abfluss deiner Mieter wühlst, nur damit du als bodenständig wahrgenommen wirst. Deine wertvollste Aufgabe ist die Akquise. Alles andere kann – und sollte – früher oder später abgegeben werden. Ich selbst habe viel zu lange zu viele kleine Aufgaben übernommen, weil ich dachte, es geht schneller oder günstiger. Aber das ist ein Trugschluss. Du bezahlst immer – entweder mit Geld oder mit deiner Zeit. Und deine Zeit ist zu wertvoll, um sie in Aufgaben zu investieren, die auch jemand anderes übernehmen kann.

Skalierung bedeutet, deine Denkweise zu erweitern. Ich selbst habe mich dabei ertappt, bei Objekten mit über einer Million Euro innerlich zurückzuziehen. Ich habe Ausreden gefunden, warum ich das Objekt gerade nicht prüfen kann – zu wenig Zeit, zu kompliziert, zu unsicher. Aber das war nichts anderes als eine mentale Blockade. Heute weiß ich: Es ist nur eine Zahl. Es kommt auf die Rendite an, nicht auf die absolute Summe. Solange die Mieteinnahmen stabil sind, die Kalkulation aufgeht und deine Finanzierung solide ist, spielt der Kaufpreis keine emotionale Rolle mehr.

Natürlich wirst du nicht von heute auf morgen ein Millionenobjekt finanzieren können – zumindest nicht als Anfänger. Banken wollen sehen, dass du kleinere Projekte erfolgreich gestemmt hast, bevor sie dir größere Beträge anvertrauen. Doch hast du einmal diesen Beweis geliefert, wird der Weg frei für größere Vorhaben. Und auch da gilt wieder: Der Aufwand, eine Wohnanlage zu verwalten, ist oft kaum größer als der Aufwand für ein einzelnes Mehrfamilienhaus – nur eben mit größerer Wirkung.

Nicht zu vergessen ist dein Umgang mit Banken. Ich werde oft gefragt, ob ich immer mit denselben Banken arbeite. Meine Antwort: Ich bin nicht mit einer Bank verheiratet. Natürlich habe ich Lieblingsbanken, aber ich bin auch offen für neue Kontakte. Und manchmal stoße ich bei meinen Hausbanken auf Zurückhaltung, weil deren Geschäftsziele für das Jahr bereits erreicht sind. Dann brauche ich Alternativen. Deutschland ist voller *Sparkassen* und *Volksbanken* – es gibt mehr Möglichkeiten, als du denkst.

Aber wichtig ist: Frag nicht einfach planlos bei jeder Bank an. Frag vorher, ob gerade Geschäft gewünscht ist, in welchem Segment und in welcher Größenordnung. Bereite dein Angebot professionell auf – so wirst du nicht als Zeitfresser wahrgenommen, sondern als verlässlicher Partner.

Am Ende ist Skalierung kein Zufall, sondern das Ergebnis von klarem Denken, konsequenter Umsetzung und wachsender Erfahrung. Du musst bereit sein, dein Spielfeld zu vergrößern – und das beginnt im Kopf.

Checkliste

- ✔ Kläre deine persönliche Motivation: Warum willst du skalieren?
- ✔ Stelle sicher, dass dein Mindset für größere Projekte bereit ist.
- ✔ Achte darauf, dass deine Strukturen (z. B. Hausverwaltung, Buchhaltung) mitwachsen.
- ✔ Prüfe jeden Deal unter der Frage: Würde ich diesen zehnmal kaufen wollen?
- ✔ Reduziere manuelle Aufgaben, übergib Handwerk und Verwaltung frühzeitig.
- ✔ Baue dir ein Netzwerk aus Maklern, Banken und Investoren auf, die zu deinem Ziel passen.
- ✔ Kommuniziere dein Vorhaben klar und deutlich in deinem Umfeld.
- ✔ Halte ausreichende Liquiditätsreserven vor, um Anlaufschwierigkeiten zu überbrücken.
- ✔ Nutze standardisierte Prozesse für Akquise, Prüfung und Verwaltung.
- ✔ Bereite Finanzierungen professionell auf und frage nur bei passenden Banken an.
- ✔ Hab keine Angst vor großen Summen – bewerte Objekte nach Zahlen, nicht nach Emotion.
- ✔ Analysiere deine Blockaden ehrlich und arbeite gezielt daran.
- ✔ Finde Wege, um deine Zeit möglichst effektiv für wertschöpfende Tätigkeiten einzusetzen.

- ✔ Rechne mit Wachstumsschmerzen – und plane deine Ressourcen entsprechend.
- ✔ Sei proaktiv: Nur wer viele Angebote macht, bekommt auch viele Zusagen.

41

KAPITEL

Kommunikation mit Mietern

Wer Immobilien besitzt, wird zwangsläufig auch mit Menschen zu tun haben – nämlich mit Mietern. Und während sich viele Investoren anfangs nur auf Zahlen, Quadratmeter und Rendite konzentrieren, zeigt sich im Alltag schnell: Der Umgang mit Mietern entscheidet oft über den Erfolg oder Misserfolg deiner Immobilie. In diesem Kapitel lernst du, wie du professionell, respektvoll und dennoch konsequent mit Mietern kommunizierst – von der ersten Kontaktaufnahme über Konflikte bis hin zur Kündigung. Ziel ist es, eine klare Linie zu fahren, ohne deine Menschlichkeit zu verlieren.

1. **Grundhaltung**
   Mieter sind keine Gegner, sondern Partner. Die Beziehung zu deinen Mietern ist keine Einbahnstraße. Auch wenn du der Eigentümer bist, ist ein respektvoller Umgang auf Augenhöhe die Grundlage für eine langfristig erfolgreiche Zusammenarbeit. Du solltest weder kumpelhaft auftreten noch dich distanziert, wie ein Konzern verhalten. Die Kunst liegt in der Mitte: verbindlich, freundlich und klar.

2. **Erwartungen von Anfang an kommunizieren**
   Bereits bei der Wohnungsübergabe oder spätestens beim Einzug solltest du deine Standards klarmachen: Wie wird mit Mängeln umgegangen? Welche Kommunikationswege sind dir am liebsten? Was ist dir beim Umgang mit Nachbarn wichtig? Wer gleich zu Beginn offen, freundlich und bestimmt kommuniziert, vermeidet spätere Missverständnisse.

3. **Klare Kommunikationskanäle etablieren**
   Lege fest, wie dich Mieter erreichen können – idealerweise schriftlich (z. B. per E-Mail, *WhatsApp* oder SMS). Ein professioneller Kommunikationskanal schützt dich im Zweifel auch juristisch, da du ein dokumentiertes Gesprächsprotokoll hast.

4. **Reaktionszeiten definieren und einhalten**
   Ein häufiger Fehler ist, dass Vermieter sich zu viel Zeit lassen – das sorgt bei Mietern für Frust. Gleichzeitig musst du aber auch nicht sofort auf jede Nachricht reagieren. Eine einfache

Faustregel: Reagiere innerhalb von 24 bis 48 Stunden, damit zeigst du Verlässlichkeit, ohne dich selbst unter Druck zu setzen.

5. **Regelmäßige Kommunikation – nicht nur bei Problemen**
   Wenn du nur dann mit deinen Mietern sprichst, wenn es Ärger gibt, wird die Beziehung negativ aufgeladen. Sende gelegentlich eine kurze Info, z. B. bei bevorstehenden Wartungsarbeiten oder wenn sich Ansprechpartner ändern. Das stärkt das Vertrauen und sorgt dafür, dass sich Mieter gut aufgehoben fühlen.

6. **Umgang mit Beschwerden und Konflikten**
   Nimm Beschwerden immer ernst – auch wenn sie dir übertrieben erscheinen. Höre zu, hake sachlich nach und suche nach pragmatischen Lösungen. Sei lösungsorientiert, aber lass dich nicht emotional hineinziehen. Dokumentiere Beschwerden stets schriftlich und halte Vereinbarungen fest. So behältst du die Kontrolle.

7. **Schriftliche Kommunikation als Standard**
   Auch wenn Telefonate schneller sind: Halte wichtige Dinge immer schriftlich fest – vor allem Absprachen, Vereinbarungen oder Mängelmeldungen. Das gibt dir im Zweifel Rechtssicherheit und verhindert später Diskussionen über den genauen Wortlaut.

8. **Kommunikation bei Mietrückständen**
   Wenn ein Mieter in Zahlungsverzug gerät, ist es essenziell, schnell und sachlich zu reagieren. Keine Vorwürfe, keine Emotionen. Ein kurzes Schreiben mit Fristsetzung und dem Hinweis auf mögliche Folgen reicht oft schon aus. Und: Handle frühzeitig – je länger du wartest, desto schwieriger wird es.

9. **Kündigungen professionell kommunizieren**
   Egal, ob du selbst kündigst oder der Mieter – auch das ist Kommunikation. Achte dabei auf rechtssichere Formulierungen, halte die gesetzlichen Fristen ein und wahre stets einen respektvollen Ton. Kündigungsprozesse verlaufen oft deutlich

entspannter, wenn man nicht von oben herab kommuniziert, sondern Gesprächsbereitschaft signalisiert. Mir persönlich genügt in der Regel schon eine einfache *WhatsApp*-Nachricht – denn ich habe kein Interesse daran, jemanden an seine Wohnung zu binden. Stattdessen beginne ich sofort mit der Suche nach einem Nachmieter. Nur in Ausnahmefällen bestehe ich auf ein formelles Schreiben.

10. **Professionelle Distanz wahren**
    Vermeide es, zu eng mit deinen Mietern zu werden – selbst wenn sie sympathisch sind. Nähe führt oft zu Vermischung von Rollen und erschwert dir, in schwierigen Situationen konsequent zu handeln. Du darfst freundlich und menschlich sein, aber bleib immer Vermieter und nicht Freund.

11. **Die Macht der Sprache nutzen**
    Achte bewusst auf deine Wortwahl: Statt „Ich dulde das nicht" wirkt „Ich bitte um Ihr Verständnis, dass dies so nicht möglich ist" oft wirksamer. Gleiches gilt für Körpersprache und Tonfall bei persönlichen Gesprächen. Kommunikation ist ein Werkzeug – und du solltest es souverän beherrschen.

12. **Nutze Vorlagen und Standardschreiben**
    Gerade bei häufigen Themen wie Mieterhöhungen, Hausordnungen oder Erinnerungen an Ruhezeiten sind Standardschreiben hilfreich. So kommunizierst du effizient, rechtssicher und gleichbleibend professionell. Achte darauf, die Vorlagen regelmäßig zu überprüfen und rechtlich auf dem neuesten Stand zu halten.

Gute Kommunikation ist kein Zufall. Sie ist ein Werkzeug, das du gezielt einsetzt. Wer professionell, klar und respektvoll mit Mietern kommuniziert, hat weniger Ärger, stabilere Mietverhältnisse und letztlich mehr Erfolg mit seinen Immobilien.

Checkliste

- ✔ Klare, respektvolle Grundhaltung gegenüber Mietern einnehmen.
- ✔ Erwartungen und Regeln frühzeitig und offen kommunizieren.
- ✔ Feste Kommunikationskanäle (z. B. E-Mail) definieren und nutzen.
- ✔ Reaktionszeiten zwischen 24 und 48 Stunden einhalten.
- ✔ Regelmäßig (auch ohne Anlass) informieren.
- ✔ Beschwerden ernst nehmen, dokumentieren und sachlich lösen.
- ✔ Wichtige Absprachen immer schriftlich festhalten.
- ✔ Bei Mietrückständen frühzeitig und professionell handeln.
- ✔ Kündigungen respektvoll, aber rechtssicher formulieren.
- ✔ Professionelle Distanz wahren, keine Freundschaften aufbauen.
- ✔ Bewusst auf Sprache, Tonalität und Formulierungen achten.
- ✔ Standardschreiben nutzen, aber regelmäßig juristisch prüfen.

KAPITEL 42

Umgang mit Problemmietern

Der Umgang mit Problemmietern gehört zu den emotional und juristisch herausforderndsten Aspekten der Vermietung. Dieses Kapitel soll dir keine allgemeingültigen Gesetze zitieren, sondern einen praktischen Leitfaden bieten – basierend auf meiner eigenen Erfahrung und dem, was ich aus meinem Umfeld weiß, das tatsächlich funktioniert. Ich zeige dir außerdem, was *nicht* funktioniert. Denn der Unterschied zwischen gelebter Praxis und juristischer Theorie könnte in Deutschland kaum größer sein.

Ein zentraler Grundsatz, an dem ich mich orientiere, lautet: Sei immer fairer, als du es müsstest. So schützt du dich nicht nur moralisch, sondern vor allem auch juristisch. Denn gerade in Mietrechtsstreitigkeiten ist die Vermieterrolle oft rechtlich und gesellschaftlich unterlegen. Wenn dir am Ende niemand vorwerfen kann, du hättest ungerecht oder hart gehandelt, hast du vieles richtig gemacht.

Wenn die Miete ausbleibt – der Klassiker

Sobald du feststellst, dass die Miete nicht bis zum vierten Werktag eines Monats eingegangen ist, solltest du sofort aktiv werden. Verzögerungen solltest du nicht auf die leichte Schulter nehmen – nicht aus Prinzip, sondern aus Professionalität. In meiner Praxis hat es sich bewährt, zeitnah das Gespräch zu suchen und freundlich, aber bestimmt zu fragen: *„Ist alles in Ordnung? Die Miete ist noch nicht eingegangen – bis wann darf ich mit der Zahlung rechnen?"*

Diese Frage bringt oft viel mehr als jede Mahnung. Wenn ein Mieter erklärt, die Miete derzeit nicht zahlen zu können, frage ich nach einem realistischen Vorschlag. Kann er beispielsweise in Raten zahlen? Dann stimme ich dem in der Regel zu – vorausgesetzt, das Mietverhältnis war bisher problemlos. In solchen Fällen gilt für mich der Grundsatz: **Leben und leben lassen.**

Aber: Ich lasse mir keine Geschichten erzählen. Sobald ich das Gefühl habe, es handelt sich nicht um einen Einzelfall, spreche ich das rechtliche Risiko offen an – sachlich, nicht drohend. Zwei ausstehende Monatsmieten berechtigen dich zur fristlosen Kündigung. Dabei bedeutet „zwei Mieten“: Eine Miete fehlt vollständig, und die zweite ist bis zum vierten Werktag des Folgemonats nicht eingegangen. Mahnungen brauchst du dafür keine zu schreiben, denn Miete ist ein Dauerschuldverhältnis und der Mieter gerät automatisch in Verzug.

Ganz wichtig: **Keine Drohungen. Nur Fakten.**

Wann du handeln musst

Wenn eine vereinbarte Frist zur Zahlung verstreicht, musst du direkt handeln. Andernfalls machst du dich selbst erpressbar. Auf weitere Gespräche würde ich dann verzichten – zumindest, wenn du nicht riskieren willst, das Gesicht zu verlieren. Persönliche Besuche beim Mieter können hilfreich sein, wirken aber oft wie Bittstellerei.

Was funktioniert besser? **Das gerichtliche Mahnverfahren.** Einfach online über www.online-mahnantrag.de beantragen – der Mieter erhält dann einen gelben Brief vom Gerichtsvollzieher. Dieser wirkt meist deutlich eindrucksvoller als höfliche Mahnungen oder Inkasso-Schreiben.

Was nicht funktioniert

Inkasso-Unternehmen sind oft nutzlos, wenn der Mieter psychische oder soziale Probleme hat. In solchen Fällen hilft dir kein anderes Briefpapier der Welt weiter. Stattdessen kann es sinnvoller sein, sich um Hintergründe zu kümmern – z. B. ob die Miete durch Wohngeld gezahlt werden sollte.

Ich hatte einen Fall, bei dem sich die Wohngeldstelle über Monate hinweg mit der Bearbeitung Zeit ließ. Der Mieter war kooperativ, gab mir seine Wohngeldnummer und den zuständigen Ansprechpartner. Ich habe dort nachgehakt und bekam nach fünf Monaten die volle Nachzahlung. Das ist sicher kein Regelfall, aber ein Beispiel für pragmatisches Handeln.

Problematisch wird es, wenn ein Mieter sich nicht kooperativ zeigt. Ich hatte einen Fall, bei dem ein Mieter die Herausgabe seiner Daten mit dem Hinweis auf Datenschutz verweigerte. Das ist sein gutes Recht – genauso wie es mein Recht ist, daraufhin die fristlose und hilfsweise die ordentliche Kündigung auszusprechen.

Wichtig: Wenn der Mieter nach einer fristlosen Kündigung plötzlich alles zahlt, ist diese **geheilt** – du brauchst also zusätzlich eine **fristgerechte Kündigung**, wenn du ihn definitiv loswerden willst.

Der Fall mit der verschwundenen Tür

Manche Fälle entwickeln eine ganz eigene Dynamik. Ein Mieter erklärte nach der Schlüsselübergabe, dass er doch wieder einziehen wolle. Ich bekam Nachrichten, dass er künftig bleiben werde, bis ihn ein Richter heraussträgt – und kurze Zeit später war die Wohnungstür verschwunden. Vermutlich war es dann in der Wohnung etwas luftig, weshalb der Mieter auch nicht wieder auftauchte. So kurios das klingt – manchmal erledigen sich Probleme auch von selbst. Aber klar: **Ich würde natürlich niemandem empfehlen, eine Wohnungstür auszubauen.** Ich weiß nur, dass Türen eben manchmal verschwinden. Das soll keine Anleitung sein – nur ein Erfahrungsbericht.

Umgang mit Querulanten

Ein eigenes Kapitel sind Mieter, die plötzlich anfangen, sich wegen Kleinigkeiten zu beschweren – meist kurz nach dem Eigentümerwechsel. Beispiel: Einem Mieter, der seit 30 Jahren in einer Wohnung lebt, fällt plötzlich auf, dass die Wohnung zwei Quadratmeter kleiner ist als im Vertrag. In solchen Fällen prüfe ich die Sachlage – und überlege mir sehr wohl, ob ich nicht auch mein Recht auf Mietanpassung ausübe.

Obwohl ich bislang nie während eines laufenden Mietverhältnisses die Miete erhöht habe, sollte dir bewusst sein: Mieterhöhungen gehören zur wirtschaftlichen Verantwortung als Vermieter. Wenn du dauerhaft unter Marktniveau vermietest, fehlt dir am Ende Geld für Instandhaltungen – und damit schadest du auch dem Mieter.

Rechtsschutzversicherung – ja oder nein?

Ich persönlich habe keine Vermieterrechtsschutzversicherung – und werde auch nie eine abschließen. Warum? Weil mit steigender Wohnungsanzahl mein Risiko sinkt. Ich sehe mich selbst als „eigene Versicherung". Aber: Das ist nicht für jeden ratsam.

Du solltest für dich prüfen, ob du bereit bist, im Ernstfall 1.000 bis 3.000 Euro Gerichtskosten selbst zu tragen. Als Streitwert wird bei Mietstreitigkeiten häufig die Jahresmiete angesetzt – nutze ruhig einen Gerichtskostenrechner im Internet, um dir ein Bild zu machen. Wenn dich diese Summen finanziell überfordern würden, ist eine Rechtsschutzversicherung für dich vielleicht doch sinnvoll – oder du solltest grundsätzlich überdenken, ob die Vermietung für dich geeignet ist.

Klarheit über deine Ziele

Ganz egal, welchen Weg du im Konfliktfall gehen willst – du musst wissen, was du willst. Willst du, dass der Mieter bleibt, aber pünktlich zahlt? Willst du ihn loswerden? Oder willst du einfach nur deine Ruhe? Ohne ein klares Ziel kannst du keine Entscheidung treffen – und dir kann auch niemand helfen.

Ein Anwalt wird dir meist zu rechtlichen Schritten raten. Genauso wie ein Friseur dir zu einem neuen Haarschnitt raten wird, wenn du ihn fragst. Das ist ihr Beruf. Doch es ist deine Entscheidung, was du willst – und wie du dabei vorgehst.

Checkliste

- ✔ Bei ausbleibender Miete schnell und freundlich das Gespräch suchen.
- ✔ Immer eine klare Frist zur Zahlung setzen und dokumentieren.
- ✔ Bei Einzelfällen (z. B. finanzielle Engpässe) Ratenzahlung akzeptieren.
- ✔ Ab dem zweiten Mietrückstand fristlose Kündigung rechtlich möglich.
- ✔ Fristlose Kündigung immer durch fristgerechte Kündigung absichern.
- ✔ Keine Mahnungen schreiben – lieber gerichtliches Mahnverfahren einleiten.
- ✔ Inkasso nur bei klarer Zahlungsunwilligkeit sinnvoll.
- ✔ Bei staatlicher Unterstützung: ggf. direkt mit der Behörde Kontakt aufnehmen.
- ✔ Bei Verweigerung der Kooperation: konsequent kündigen.
- ✔ Auf dubiose Maßnahmen (z. B. Türausbau) niemals aktiv zurückgreifen.
- ✔ Mieter: Mieterhöhungen prüfen und gezielt einsetzen.
- ✔ Immer fairer sein, als du sein müsstest – für deine rechtliche Sicherheit.
- ✔ Rechtsschutzversicherung: nur bei niedrigem Risikopuffer sinnvoll.
- ✔ Klare Zielsetzung vor jedem Schritt im Umgang mit dem Mieter.

KAPITEL 43

Schnelle Deals, großer Gewinn

Nicht jeder ist dafür gemacht, sich langfristig mit Mietern auseinanderzusetzen. Vielleicht hast du bisher mit dem Thema gehadert oder gemerkt, dass dich vor allem das operative Geschäft mit Vermietung abschreckt. Doch keine Sorge – Immobilien bieten auch alternative Wege, um Geld zu verdienen, ohne dich langfristig an Mieter zu binden. Zwei dieser Wege stelle ich dir in diesem Kapitel vor: *Fix & Flip* sowie Aufteilergeschäfte. Beide Geschäftsmodelle haben ihre Besonderheiten, Chancen und Risiken. Sie erfordern ein gewisses Maß an Vorwissen, Planungssicherheit und Kapitalzugang – können aber hochprofitabel sein, wenn du die Spielregeln verstehst.

Fix & Flip – kurzfristiger Immobilienhandel

Der Begriff „Fix & Flip" stammt ursprünglich aus dem US-amerikanischen Immobilienmarkt und beschreibt das gezielte Kaufen, Renovieren und anschließend gewinnbringende Verkaufen von Immobilien. Du kannst dir das Ganze wie beim Autohandel vorstellen: Du kaufst günstig, wertest auf und verkaufst teurer weiter.

Dein bisher erarbeitetes Wissen über Kaufpreisermittlung, Sanierungskosten, Marktpreise und Verhandlung wird dir beim Einstieg ins Fix-&-Flip-Geschäft enorm helfen. Du musst jedoch zusätzlich ein gutes Gespür für Markttrends und die Zielgruppenentwicklung haben – denn du kaufst nicht mehr für dich selbst, sondern für jemand anderen. Entsprechend muss dein Produkt den Erwartungen der Käuferschaft entsprechen.

Grundsätzlich gibt es zwei Zielgruppen: Eigennutzer und Kapitalanleger. Eigennutzer legen mehr Wert auf Ausstattung, Lage und Ästhetik. Sie sind bereit, mehr zu zahlen – haben aber auch höhere Ansprüche. Kapitalanleger hingegen rechnen nüchtern und achten darauf, dass sich das Objekt selbst trägt, also die Mieteinnahmen mindestens die Finanzierungskosten decken. Sie zahlen selten mehr als das Marktpreisniveau.

Finanzierung – Herausforderung und Hebel zugleich

Einer der größten Knackpunkte beim Fix-&-Flip-Geschäft ist die Finanzierung. Die Banken sind hier oft zurückhaltend, weil sie bei kurzfristigen Projekten weniger verdienen, aber denselben Prüfungsaufwand haben wie bei einer klassischen Langfristfinanzierung. Deshalb kann es sinnvoll sein, mit einer sogenannten Kreditlinie zu arbeiten – eine Art Dispo für Immobilien, abgesichert über eine Grundschuld.

Diese Grundschuld kann z. B. auf dein Eigenheim eingetragen werden. Viele Menschen haben Angst davor, ihr Zuhause als Sicherheit herzugeben – doch diese Angst ist oft unbegründet: Wenn du deine Kreditverpflichtungen nicht erfüllst, spielt es keine Rolle, ob die Grundschuld auf dem Eigenheim oder dem Fix-&-Flip-Objekt lastet. Die Bank wird sich in jedem Fall ihr Geld holen. Du gewinnst aber an Flexibilität, da du bei jedem Flip nicht erneut eine Grundschuld eintragen und löschen lassen musst. Deine Objekte bleiben lastenfrei, was bei einem Verkauf von Vorteil ist.

Variable Finanzierungen können hier ebenfalls hilfreich sein, bergen aber Risiken – insbesondere bei stark steigenden Zinsen. In den letzten Jahren sind viele Investoren daran gescheitert, weil sie auf kurzfristige, zinsvariable Kredite gesetzt haben und die Kosten aus dem Ruder liefen und gleichzeitig die Abnehmer für die Objekte wegfielen. Eine gute Absicherung ist deshalb, wenn laufende Einnahmen durch andere Objekte die Fixkosten decken. Dann bist du nicht gezwungen, permanent neue Deals zu machen, um zahlungsfähig zu bleiben.

Der große Vorteil von Fix & Flip liegt in der kurzen Projektlaufzeit: Du siehst schnell Ergebnisse, setzt Kapital effizient ein und ermöglichst Käufern ein schönes Zuhause. Bei der Renovierung solltest du auf Fachbetriebe setzen – nicht nur wegen der Qualität, sondern auch wegen der Gewährleistung, die du als Verkäufer schulden kannst. Wenn ein Handwerksbetrieb die Arbeit macht, übernimmt er meist auch die Gewährleistung.

Meine persönliche Strategie für Fix & Flip

Ich nutze Fix-&-Flip-Projekte gezielt zum Bestandsaufbau und kombiniere sie mit meiner Holdingstruktur. Wenn mir günstige Wohnungen angeboten werden, kauft sie meine operative GmbH. Dort werden sie renoviert und anschließend weiterverkauft. Diese Herangehensweise bietet mehrere Vorteile:

- Ich stärke die Beziehung zu Maklern sowie Tippgebern, da sie durch erfolgreiche Vermittlungen belohnt werden und künftig gern wieder an mich denken.
- Ich sammle weiter Erfahrungen und kann gegenüber Banken mit meinem Track Record punkten – also mit dokumentierten Erfolgen bei Umbau und Verkauf.
- Ich halte meinen Bestand übersichtlich, ohne auf Wertschöpfung zu verzichten.

Aufteilergeschäfte – Mehrfamilienhäuser stückweise verwerten

Das zweite Modell, das ich dir vorstellen möchte, nennt sich Aufteilergeschäft. Du kaufst ein Mehrfamilienhaus und wandelst es in einzelne Eigentumswohnungen um. Dafür musst du das Grundbuch in mehrere selbstständige Grundbücher unterteilen. Das geschieht mithilfe einer Abgeschlossenheitsbescheinigung, die ein Architekt ausstellt. Die Kosten liegen je nach Objekt meist bei ein paar 1.000 Euro.

Nach der Aufteilung ist dein Objekt in der Regel mehr wert als im Ganzen – das liegt unter anderem daran, dass Eigentumswohnungen anders bewertet werden als komplette Mietshäuser. Auch Banken akzeptieren diesen Mehrwert manchmal, was dir Spielraum bei der Finanzierung gibt. Aber selbst wenn nicht: Im freien Markt lässt sich eine Eigentumswohnung oft besser verkaufen – insbesondere an Selbstnutzer. Natürlich musst du dabei ein paar Regeln beachten. Mieter haben nach der Umwandlung ein gesetzliches Vorkaufsrecht in den ersten Jahren, wenn du die Wohnung verkaufen willst. Dieses Recht musst du respektieren, auch wenn es den Verkauf verzögert oder verkompliziert.

Das Spannende an Aufteilergeschäften ist, dass du schon mit vergleichsweise geringem Aufwand große Effekte erzielen kannst – rein durch Strukturveränderungen und kluge Vermarktung. Ein Beispiel: Du kaufst ein Mehrfamilienhaus für 500.000 Euro, teilst es auf und verkaufst die Wohnungen mit einer Marge von zehn bis 20 Prozent. Das ergibt ein zusätzliches Gewinnpotenzial von 50.000 bis 100.000 Euro – ohne dass du aufwändige Sanierungen durchführen musst.

Aber auch hier gilt: Die Finanzierung muss gesichert sein, denn du kaufst und verkaufst mit einem höheren Volumen. Wer hier keine Erfahrung hat, sollte zunächst mit kleineren Projekten starten, um das Spiel zu lernen.

Denn so einfach es klingt – wäre es wirklich so simpel, würden es alle tun. Doch der Schlüssel liegt im Verständnis für den Markt, für Käufer sowie im professionellen Umgang mit Finanzierung und Vermarktung.

Hinzu kommen teilweise noch regional besondere Regulierungen wie Milieuschutz und Aufteilungsverbot.

Checkliste

- ✔ Fix & Flip bedeutet: Kaufen, renovieren, teurer verkaufen.
- ✔ Zielgruppen: Eigennutzer (höherer Preis, höhere Ansprüche) vs. Kapitalanleger (Wirtschaftlichkeit entscheidend).
- ✔ Finanzierung oft schwierig – Kreditlinie über Grundschuld kann helfen.
- ✔ Grundschuld auf Eigenheim bietet Flexibilität, aber keine Sicherheit bei Zahlungsausfällen.
- ✔ Vorsicht bei variabler Finanzierung – Zinsrisiko beachten.
- ✔ Fachbetriebe wegen Qualität und Gewährleistung bevorzugen.
- ✔ Fix & Flip kann Kontakte, Track Record und Bestandsaufbau fördern.
- ✔ Aufteilergeschäfte: Mehrfamilienhaus kaufen, in Eigentumswohnungen aufteilen.
- ✔ Abgeschlossenheitsbescheinigung durch Architekt notwendig.
- ✔ Aufteilung kann Marktwert deutlich steigern.
- ✔ Verkauf einzelner Wohnungen meist lukrativer als Gesamtverkauf.
- ✔ Vorkaufsrecht der Mieter beachten.
- ✔ Finanzierung für Aufteiler oft anspruchsvoll – daher erst mit Erfahrung beginnen.
- ✔ Beide Modelle sind Alternativen zur klassischen Vermietung und können das Portfolio sinnvoll ergänzen.

KAPITEL 44

Hol dir Hilfe

Es gibt wohl kaum einen Satz, den ich in den letzten Jahren häufiger gehört habe als diesen: „Alle Informationen rund ums Thema Immobilien findest du doch kostenlos im Internet.“ Und weißt du was? Das stimmt. Ich würde lügen, wenn ich etwas anderes behaupten würde. Tatsächlich bin ich selbst jahrelang genau so vorgegangen: *YouTube*-Videos geschaut, Podcasts gehört, Bücher gelesen, Blogartikel durchstöbert – alles in Eigenregie. Ich habe jeden einzelnen Fehler selbst gemacht. Und das war rückblickend auch in Ordnung. Aber es war definitiv nicht der effizienteste Weg. **Denn nur weil etwas *möglich* ist, heißt das nicht, dass es sinnvoll ist.**

Natürlich kannst du dir auch bei *IKEA* ein Regal kaufen und ohne Anleitung versuchen, es selbst zusammenzubauen. Vermutlich wirst du irgendwann auch ans Ziel kommen – irgendwie. Aber es wird länger dauern. Du wirst Teile falsch zusammenschrauben, vielleicht wieder auseinanderbauen, dich zwischendurch ärgern oder sogar aufgeben. Und selbst wenn du es fertig bekommst, weißt du nicht sicher, ob es stabil ist. Dabei hattest du zumindest den Vorteil, das fertige Regal im Laden einmal gesehen zu haben. Du wusstest also, wo die Reise hingehen soll.

Bei Immobilien fehlt vielen Menschen aber genau dieses Bild im Kopf. Sie wissen nicht, wie ein erfolgreiches Investment tatsächlich aussieht – geschweige denn, wie man dorthin kommt. Noch schlimmer: Viele wissen nicht einmal, welche Fragen sie überhaupt stellen müssten, um auf ihrem Weg weiterzukommen. Und genau deshalb ist der Austausch mit erfahrenen Menschen so wertvoll.

Denk einfach mal an professionelle Sportler. Kein Weltklasse-Athlet kommt ohne Trainer aus. Cristiano Ronaldo z. B. hat nicht nur einen Fußballtrainer. Er hat einen Ernährungsberater, einen Mentalcoach, einen Physiotherapeuten – und sogar einen Schlafexperten. Du musst natürlich nicht gleich in jedem Bereich jemanden engagieren, aber das Prinzip bleibt gleich: Hol dir Hilfe von Menschen, die schon da sind, wo du hinwillst.

Das heißt nicht, dass du sofort teure Coachings buchen musst. Der erste und einfachste Schritt kann sein, dass du regelmäßig einen Immobilienstammtisch besuchst. Trag dir diesen Termin in den Kalender ein – fest und verbindlich. Die meisten Stammtische finden regelmäßig statt. Bei uns ist es z. B. immer der erste Dienstag im Monat. So plane ich automatisch meine restlichen Termine um diesen einen Termin herum, nicht andersherum. Denn wenn du wirklich etwas verändern willst, darfst du dir nicht ständig Ausreden erlauben.

Viele Menschen verlieren sich in der Fülle kostenloser Informationen. Sie wissen nicht, welche Infos wichtig sind – oder welche schlichtweg falsch. Oft ist es auch so: Die Information ist korrekt, aber sie beantwortet eine komplett falsche Frage. Und dann kommst du trotz scheinbarer Lösung nicht weiter. Das kannst du nur erkennen, wenn du mit Menschen sprichst, die bereits ein paar Schritte weiter sind. Sie können dir helfen, die richtigen Fragen zu stellen – nicht nur die richtigen Antworten zu finden.

Natürlich kannst du dir auch gezielt Wissen erkaufen. Ich selbst habe an zahlreichen kostenpflichtigen Veranstaltungen teilgenommen und dafür teils hohe Summen investiert. Aber ich habe festgestellt: Oft reicht ein einziger Impuls, eine einzige Idee, um das investierte Geld mehrfach wieder hereinzuholen.

Ein persönliches Beispiel: Ich habe einmal in einem Vortrag beiläufig gehört, dass es Banken gibt, die auch die Kaufnebenkosten finanzieren. Vorher hatte ich immer nur Ablehnungen erhalten. Aber dieser eine Hinweis hat mein Denken verändert. Ich blieb hartnäckig, stellte andere Fragen – und siehe da: Nach zehn Gesprächen hatte ich die erste Zusage. Ohne dieses Wissen hätte ich möglicherweise Jahre verloren – oder deutlich mehr Eigenkapital gebraucht. Was ist so ein Tipp wohl wert? Schwer zu beziffern. Aber ich kann dir sagen: sehr viel.

Wenn du dich für ein Event anmeldest, bei dem der Eintritt 1.000 Euro kostet, kannst du dir sicher sein: Dort triffst du keine Leute, die „nur mal reinschnuppern“ wollen. Dort sind Menschen, die es ernst meinen. Und genau diese Menschen brauchst du in deinem Netzwerk.

Da ich selbst Vater von drei Kindern bin, ist meine Zeit stark begrenzt. Ich wollte nicht ständig auf Events durch Deutschland reisen – also habe ich meinen eigenen *Mastermind*-Workshop ins Leben gerufen. Mein Anspruch: Das bestmögliche Erlebnis für die Teilnehmer – und gleichzeitig so effizient und fair wie möglich gestaltet.

Einige Dinge, die mich bei anderen Events gestört haben, habe ich aktiv verändert. Mich hat es z. B. geärgert, dass man bei teuren Veranstaltungen trotzdem ständig extra bezahlen musste – für Wasser, Kaffee oder das Abendessen. Also habe ich beschlossen: Bei mir ist alles inklusive, außer der Übernachtung. So bleiben die Kosten kalkulierbar und das Erlebnis rund.

Auch die Preisgestaltung war mir wichtig. Die Teilnahmegebühr betrug 999 Euro – ein Preis, der bewusst gewählt war. Hoch genug, um unentschlossene Zaungäste fernzuhalten. Günstig genug, damit engagierte Menschen sich die Teilnahme leisten konnten. Denn ich wollte mehr als nur ein Event: Ich wollte echte Veränderung bei den Teilnehmern. Darum gab es zu Beginn sogar eine unbegrenzte Nachbetreuung. Viele warnten mich, dass ich überrannt werden würde – doch das Gegenteil war der Fall. Die Teilnehmer waren dankbar und zurückhaltend. Die Fragen waren durchdacht und gezielt. Beim zweiten Workshop habe ich den Betreuungszeitraum dann auf zwei Monate begrenzt – was vollkommen ausreichend war.

Auch heute beantworte ich gern noch Fragen – unter einer Bedingung: Die Antwort muss so gestaltet sein, dass die Community insgesamt profitiert. Denn aus meiner Erfahrung entsteht immer der größte Mehrwert, wenn mehrere Perspektiven zusammenkommen. Eins-zu-eins-Antworten sind gut – aber kollektives Lernen ist besser. Also: Hol dir Hilfe. Egal, ob kostenlos oder bezahlt. Du wirst nicht nur schneller ans Ziel kommen, sondern auch sicherer.

Checkliste

- ✔ Alle Infos zu Immobilien sind online verfügbar – aber schwer zu filtern.
- ✔ Fehler in Eigenregie kosten Zeit, Nerven und oft auch Geld.
- ✔ Ohne Zielbild fehlt häufig die Orientierung.
- ✔ Professionelle Sportler arbeiten immer mit Coaches.
- ✔ Erste Anlaufstelle: regelmäßiger Immobilienstammtisch.
- ✔ Trage Stammtische fest in deinen Kalender ein.
- ✔ Erfahrung ist notwendig, um die richtigen Fragen zu stellen.
- ✔ Falsche Fragen bringen auch bei richtigen Antworten keinen Fortschritt.
- ✔ Der Austausch mit Fortgeschrittenen ist oft effektiver als *Google*.
- ✔ Bezahlte Veranstaltungen bieten oft entscheidende Impulse.
- ✔ Richtiges Wissen spart viel Geld (z. B. bei Finanzierungen).
- ✔ Teurere Events ziehen fokussierte Teilnehmer an.
- ✔ Nachbetreuung schafft echten Mehrwert – auch über das Event hinaus.
- ✔ Gruppenlernen bringt oft mehr als Einzelgespräche.
- ✔ Investiere in Wissen – es ist die beste Rendite.

Nachwort

Wir sind nun offensichtlich am Ende angekommen. Doch damit meine ich natürlich nur das Buch – nicht etwa deine Reise zum Immobilieninvestor und zu einem finanziell freien Leben. Im Gegenteil: Du stehst vermutlich noch ganz am Anfang. Und gerade deshalb ist jetzt nicht der Moment zum Ausruhen oder Zögern, sondern zum Reflektieren und Handeln.

Wenn du dieses Buch bis hierhin vollständig gelesen hast, ist mein erster Tipp: Lies es ein zweites Mal. Vielleicht nicht sofort, aber bald. Beim ersten Lesen nimmst du nur einen Teil der Informationen bewusst auf. Erst beim zweiten Durchgang – wenn du vieles bereits einordnen kannst – werden dir neue Zusammenhänge auffallen, du wirst bestimmte Tipps noch besser verstehen und sofort umsetzbare Ansätze entdecken.

Und wenn du gerade dabei bist, deine ersten Immobilien zu prüfen, Besichtigungen zu organisieren oder Finanzierungen anzugehen, nimm das Buch ruhig gezielt zur Hand und schlage einzelne Kapitel erneut nach. Lass es zu deinem Nachschlagewerk werden. Nicht als Dogma, sondern als dein erprobter Praxisbegleiter.

Falls du Fragen hast oder den Austausch suchst, kannst du dich jederzeit über *Instagram* bei mir melden. Ich versuche, jede ernst gemeinte Nachricht zu beantworten. Außerdem kannst du gerne an einem meiner Stammtische teilnehmen – sowohl in Präsenz als auch online. Egal, wo du wohnst: Vernetze dich. Denn Immobilien sind kein Solospiel. Erfolgreiche Investoren bauen sich ein stabiles Netzwerk auf – lokal vor Ort, aber auch online in der Community. Deshalb lade ich dich herzlich ein, kostenlos beim Online-Stammtisch dabei zu sein – zusätzlich zu einem Stammtisch in deiner Region.

Ebenso kannst du dir auch meine Videos und Playlists auf *YouTube* auf meinwegzur1.million ansehen. Dort teile ich ebenfalls mein Wissen kostenlos mit dir.

Es wird auf deiner Reise nicht immer einfach sein. Es werden Rückschläge kommen, Zweifel und der Wunsch, alles hinzuschmeißen. Wenn du an diesen Punkt kommst – und dieser Punkt kommt bei fast allen – dann frage dich: *Warum habe ich angefangen?* Hast du deine Ziele nur im Kopf, oder sind sie klar aufgeschrieben? Hast du ein Vision-Board, das dich jeden Tag erinnert, wofür du kämpfst? Wenn nicht – hol das bitte schnellstmöglich nach.

Und dann entscheide bewusst, ob du deine Ziele öffentlich machst oder lieber für dich behältst. Beides ist erlaubt. Beides kann funktionieren. Ich persönlich habe sie immer offen kommuniziert. Und ich kann aus Erfahrung sagen: Das hat mir sehr geholfen. Denn jedes Mal, wenn ich über meine Ziele gesprochen habe, hat sich irgendetwas in Bewegung gesetzt. Türen gingen auf. Verbindungen entstanden. Menschen kamen auf mich zu. Oft auf völlig unerwartete Weise.

Ein Beispiel: Vor kurzem habe ich mit dem Golfsport angefangen, hauptsächlich um mein Netzwerk zu erweitern. Ich sprach mit meinem Golflehrer über meine Tätigkeit – wenige Sekunden später hatte ich die Handynummer eines Notars aus der Umgebung, der mir persönlich empfohlen wurde. Solche Zufälle entstehen nur, wenn du offen über deine Pläne sprichst. Entscheide also nicht für andere, ob sie es hören wollen – sprich einfach darüber, wenn es sich anbietet.

Und noch etwas: Vergiss deine Familie nicht. Falls du einen Partner hast – nimm ihn mit auf die Reise. Informiere ihn, teile deine Gedanken, sorge für eine klare Kommunikation. Besonders dann, wenn ihr Kinder habt oder euch Kinder wünscht. Wenn du aktuell noch Single bist: Dann ist mein Tipp an dich, dir ein ambitioniertes Ziel zu setzen – z. B., mit spätestens 30 Jahren Millionär zu sein. Ich selbst habe dieses Ziel verpasst, weil ich erst mit über 30 überhaupt in das Thema eingestiegen bin. Rückblickend hätte ich mir vieles einfacher gemacht, wenn ich früher begonnen hätte. Aber wie du an meinem Beispiel siehst: Es ist nie zu spät.

Wenn du bereits in einer Familie lebst, ist eines essenziell: eine klare Rollenverteilung. Nicht im klassischen Sinne – sondern im Sinne gegenseitiger Absprache und Verantwortung. Denn es wird immer wieder Situationen geben, in denen du spontan zu Besichtigungen musst oder dringende Dinge regeln musst. Wie gehst du mit diesen Situationen um? Ich habe das für mich immer als

Abhebung vom Beziehungskonto beschrieben. Und klar: Damit du etwas abheben kannst, musst du vorher eingezahlt haben – in Form von Zeit, Aufmerksamkeit, gemeinsamer Planung. Denn was nützt dir der ganze finanzielle Erfolg, wenn du am Ende allein dastehst?

Ich wünsche dir von Herzen viel Erfolg auf deinem Weg. Und denke daran: Es kommt nicht darauf an, wie groß dein Startkapital, sondern wie groß dein Wille zur Umsetzung ist. Nutze das Wissen aus diesem Buch, bleibe in Bewegung, bleibe im Austausch – und vor allem: Bleib dir selbst treu.

Wenn du Fragen, Anregungen oder Kritik hast – melde dich jederzeit bei mir. Die beste Kontaktmöglichkeit ist und bleibt *Instagram*. Und jetzt: Viel Erfolg – und danke für dein Vertrauen!

Liebe Grüße

Andres

Checkliste

- ✔ Lies das Buch ein zweites Mal, um Zusammenhänge besser zu verstehen.
- ✔ Nutze es als Nachschlagewerk in praktischen Situationen.
- ✔ Vernetze dich – lokal und online, z. B. über Stammtische.
- ✔ Nutze den Austausch mit mir über *Instagram* oder beim Online-Stammtisch.
- ✔ Schau dir meine kostenlosen Videos & Playlists auf *YouTube* an.
- ✔ Halte deine Ziele schriftlich fest – am besten auf einem Vision-Board.
- ✔ Entscheide bewusst, ob du deine Ziele teilst oder für dich behältst.
- ✔ Sei offen für Gespräche – du weißt nie, wer dir weiterhelfen kann.
- ✔ Binde deinen Partner in deine Pläne ein.
- ✔ Klärt gemeinsam eure Rollen, besonders wenn Kinder im Spiel sind.
- ✔ Sorge für ein Guthaben auf dem Beziehungskonto durch Zeit und Aufmerksamkeit.
- ✔ Setze dir ambitionierte, klare Ziele – und beginne so früh wie möglich.
- ✔ Bleibe konsequent in der Umsetzung – Erfolg folgt auf Handlung.

ForwardVerlag

SPIEGEL Bestseller

Titel:	10X für Immobilieninvestoren
Untertitel:	Erfolgsstrategien für den modernen Immobilienmarkt
Autor:	Markus Beforth
ISBN:	978-3-98755-114-7

Bist du bereit, deine Immobilieninvestitionen auf das nächste Level zu heben? In diesem Buch entdeckst du fortgeschrittene Strategien, die es dir ermöglichen, mit weniger Eigenkapital mehr Immobilien zu erwerben und mit Bestandsimmobilien eine höhere Rendite zu erzielen.

Erfahre, wie du durch kreative Finanzierungsmodelle und innovative Investitionsstrategien deine Investitionen optimieren kannst. Lerne, wie du Risiken minimierst und gleichzeitig dein Portfolio diversifizierst, um langfristigen Erfolg zu gewährleisten. Egal, ob du nach passivem Einkommen suchst oder die komplette finanzielle Freiheit durch Immobilien anstrebst, dieses Buch liefert dir die Tools und Strategien, um deine Ziele zu erreichen. Nutze die Erfahrungen des erfolgreichen Autors und transformiere dein Portfolio in eine Quelle langfristigen Wohlstands für Generationen.

ForwardVerlag

SPIEGEL Bestseller

Titel:	Goldene Zukunft
Untertitel:	Wie Bitcoin alte Prinzipien neu belebt und zur Chance des Jahrhunderts wird
Autor:	Florian Bruce-Boye
ISBN:	978-3-98755-112-3

„Goldene Zukunft" ist dein Schlüssel zu einem tiefen Verständnis des bedeutendsten finanziellen Paradigmenwechsels unserer Zeit. Wir verbringen unser ganzes Leben damit, Geld zu verdienen, aber keine Sekunde damit, Geld zu verstehen.

Dieses Buch bietet Erklärungen, die jeder verstehen kann, verankert in der Geschichte der Menschheit und einem reinen Menschenverstand. Es beantwortet nicht nur die drängenden Fragen rund um Bitcoin, sondern adressiert auch die Skepsis, die viele Menschen gegenüber dieser neuen Technologie hegen.

Es ist eine unverzichtbare Lektüre für jeden, der verstehen möchte, was Bitcoin ist und wie etwas Ungreifbares, wie eine digitale Währung, einen enormen Wert erlangen kann.

Titel:	Die Geheimnisse des intelligenten Investierens
Untertitel:	Was du von Warren Buffet und Charlie Munger lernen kannst.
Autor:	Oliver Hauschke
ISBN:	978-3-98755-091-1

Warren Buffett und Charlie Munger sind zwei der erfolgreichsten Investoren unserer Zeit. Ihre Anlagestrategie - das Value Investing - erzielt seit Jahrzehnten Überrenditen und das bei überschaubarem, reduziertem Risiko. Diese Strategie ist so erfolgreich, dass viele andere große Investoren sie anwenden und auf ihre Bedürfnisse anpassen. Und alle schlagen regelmäßig den Markt.

„Die Geheimnisse des intelligenten Investierens" eröffnen einen komprimierten Blick auf das Value Investing. Mit seinem Blick als normaler Privatanleger, der mit 200 DM angefangen hat, schuf Oliver Hauschke eine für jeden nachvollziehbare Struktur, die den Kern des Value Investing einfach und klar darstellt, so dass ihn jeder verstehen und anwenden kann. So wird es möglich, mit Wissen und Selbstvertrauen die finanzielle Zukunft in die eigenen Hände zu nehmen, diese sicherer zu gestalten und sich mit Geduld ein eigenes Vermögen mit Aktien aufzubauen.

ForwardVerlag